KB067285

님께

드립니다.

어느 특별한 재수강

"자네, 참삶을 살고 있나?"

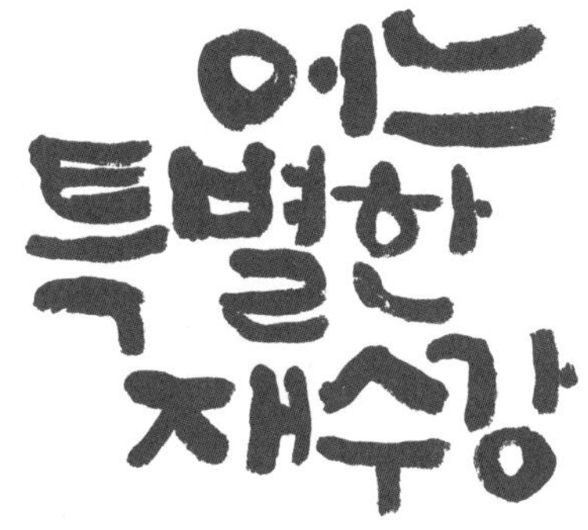

| 곽수일 · 신영욱 지음 |

INFLUENTIAL
인플루엔셜

삶은 언제나 어려운 문제입니다. 그래서 언제나 현명한 조언을 갈구하는지도 모릅니다. 먼저 인생을 걸어본 선배가 뒤에 따라오는 후배에게 경험에서 우러나오는 지혜를 전달해줄 수 있다면 더할 나위 없는 길잡이가 될 수 있겠지요. 이 책에서 30년 전의 학문의 스승은 이제 인생의 스승이 되어 제자의 물음에 답해줍니다. 당신도 잠깐 그들의 수업에 참여해보면 어떨까요? 어쩌면 당신의 문제에 대한 해답의 실마리를 볼 수 있을지도 모르는 일입니다.

— 김난도(서울대학교 교수, 『천 번을 흔들려야 어른이 된다』의 저자)

바쁘게 살다 보면 잊고 지내던 질문들이 문득 떠오를 때가 있습니다. 그때 우리는 인생을 다시 생각해봐야 합니다. 여기, 인생의 정점에서 묵직한 질문 앞에 서 있는 한 중년의 남자가 있습니다. 나아갈 방향을 잃은 듯하고, 이유를 알 수 없는 갈증을 느끼고 있습니다. 그럴 때 먼저 그 길을 걸어간 선배나 스승의 이야기를 듣는다면, 그 자체가 얼마나 큰 행운이고 선물이겠습니

까? 중년의 남자는 그러한 스승을 만났고, 그 귀한 '선물'이 한 권의 책으로 나왔습니다. 비슷한 고민을 하고 있는 이들이 있다면 이 책 속의 여정을 동참해, 각자 인생의 답을 찾게 되기를 바랍니다.

— 이상철(LG유플러스 부회장)

세상은 날이 다르게 발전하고 편리해지고 있다. 그러나 우리 삶의 무게는 더해만 가고, 진정한 삶에 대한 고민은 깊어만 간다. 무엇이 진정한 성공인가? 어떻게 사는 것이 행복한 삶인가? 사제지간인 이 책의 저자들은 참다운 인생살이를 위한 고민들을 진솔한 대화로 풀어내고 있다. 앞만 보고 달려온 우리들에게 순간의 선택으로 점철된 우리 인생을 다시 한 번 마주하게 만든다. 부디 이 책을 통해 더 많은 사람들이 '진정한 삶'에 대해 생각해볼 수 있기를 바란다.

— 이명우(동원산업 대표)

인생을 되돌아볼 때, 그리고 앞으로의 삶의 그림을 그려볼 때 짚어봐야 할 중요한 주제들이 있다. 일, 변화, 선택, 성공, 사람, 자녀, 부부, 나이 듦, 헤어짐 등 인생의 고비마다 고개를 내밀고 참된 삶, 행복한 삶에 대해 질문하고 도전하는 문제들 말이다. 그런데 이러한 인생의 난제 앞에 시간과 마음을 들여 정직하게 마주하기란 그리 쉽지 않다. 그런 의미에서 신영욱 전무가 참 부

럽다. 인생의 전환점에서 이렇게 값진 시간을 보내고 그 경험을 기꺼이 나눠준 신 전무에게 격려와 감사의 마음을 전한다.

— 이경묵(서울대학교 교수)

중년의 나이는 참 오묘하다. 인생에 대해 많이 아는 것도 같은데, 정작 또 알 수 없는 일투성이다. 이만하면 나름 인생을 잘 일구어온 것도 같은데 간혹 왠지 모를 허전함도 느껴진다. 그런 의미에서 내게 이 책은 많은 깨달음을 선사한, 매우 유익했던 특별한 재수강이었다. 다른 사람들도 이 특별한 재수강에 참여해볼 것을 권한다.

— 이성용(베인앤컴퍼니 코리아 대표)

현재 나의 인생은 어떤 선택들이 이어져온 것일까? '순간의 선택을 이어놓은 것이 인생'이란 구절을 보고 내 지난 선택들은 어땠는지 궁금해졌다. 나는 과연 잘된 선택들을 해온 것일까? 이 책을 통해 나 역시 인생을 다시 생각할 기회를 얻었다. 곽수일 교수님과 신 대표, 그들의 수업을 청강하게 해주어서 고마울 따름이다. 다른 분들도 어서 청강해보시기를.

— 박찬구(도레이케미칼 대표)

삶의 언덕을 넘으며

저는 평생을 "학교 갔다 옵니다"라고 인사하는 생활을 했습니다. 어렸을 때는 부모님께, 나이가 들어서는 가족들에게요. 한국에서 대학교를 졸업하고 미국에서 대학원을 나온 이후에 1966년 중반부터 모교에서 최연소 교수로 학생들을 가르치기 시작해서 지금까지 명예교수 생활을 하고 있으니, 당연히 "학교 갔다 옵니다"라는 인사로 시작해서 끝나는 일생인 것이지요.

이렇게 평생을 학교에서 지낸 사람을, 밖에서는 아주 편안한 생을 보낸 것으로 생각들 합니다. 하지만 돌아온 세월을 돌이켜 보면 저 역시 살면서 수많은 언덕을 넘어야 했습니다. 대학교를 졸업하고 그 당시 가난한 나라 학생으로 미국에 유학 가기로 했을 때, 유학생 자격시험에 합격한 후 어느 대학에서 공부할 것인가 선택해야 했을 때, 또 미국에서 대학원을 졸업한 이후 풍요한 미국 사회를 뒤로하고 가난한 조국으로 돌아올지 말지 고민이 되었을 때 등 하나의 결정을 내릴 때마다 삶의 언덕을 하나씩 넘어왔습니다.

이런 관점에서 본다면, 삶이란 매일매일의 생활 속에서 각자가 직면한 언덕을 넘는 과정일지도 모릅니다. 학교를 졸업하고 어떤 직장이나 어떤 직업을 택할까 하는 것부터 어떤 배우자를 맞이할 것인가, 어떻게 가정을 꾸려나갈 것인가, 자녀를 몇이나 두고 어떻게 교육할 것인가, 사회생활을 할 때 인생의 목표를 어디에 둘 것인가, 노후를 어떻게 설계할 것인가, 건강진단에서 갑자기 암이란 선고를 받았을 때 어떻게 대처할 것인가 등등. 이 책은 이와 같이 청년기에서 중·장년기에 이르기까지 삶에서 마주치는 언덕을 어떻게 넘어왔고 어떻게 넘어야 할지를 이야기하는 책입니다.

2006년에 대학에서 은퇴를 하고 그동안의 생활을 돌이켜보며 살아가던 중, 우연히 경영대학에서 가르친 제자인 신영욱 전무와 만나 이러한 삶의 언덕을 어떻게 넘어왔는지를 이야기하다가, 그 내용을 책으로 내는 것이 좋겠다는 생각에 여기까지 이르렀습니다. 한마디로 이 책은 우리가 살면서 만나는 여러 가지 언덕을 어떻게 넘을 것인지에 대해 노교수와 제자가 대담하고 토론한 책이라고 할 수 있습니다.

이 책을 쓰기 위한 인터뷰는 은퇴 1년 전해에 준비했던 제 나무농장에서 진행되었습니다. 나무농장은 이제까지는 대학에서 인재를 키우는 육영사업을 했다면, 앞으로는 나무를 키우는 육림산업을 해보는 것이 좋겠다는 생각에서 시작한 것입니다. 우리말에 사람을 키울 때는 100년을 내다보고, 나무를 키울 때는

10년을 내다본다는 말이 있습니다. 100년을 내다보기에는 이제 너무나 많은 나이이기에 10년씩 내다보면서 남은 언덕을 넘어야겠다는 생각에서 시작한 농장이 어느덧 10여 년이 지나면서 큰 숲을 조성해서 행복하기도 합니다.

이러한 나무농장에서 1년이라는 시간 동안 제자와 만나서 삶의 언덕에 대한 대화를 나누게 된 것은 나로서는 크나큰 즐거움이자 행복한 시간이었습니다. 될 수 있는 대로 쉽고 재미있으면서도 유익한 내용이 될 수 있도록 솔직하고 담담하게 이야기하려고 노력했습니다. 그런 만큼 독자들이 이 책을 읽으면서 각자의 삶을 되돌아보고 생각할 기회가 된다면 이 책의 목적은 달성한 셈이 되겠지요. 부디 그렇게 되기를 바랍니다.

2014년 6월 일규 농장에서
제자 신영욱과 함께한 곽수일

성공적인 삶에 대한 답을 찾는 과정

책을 쓴다는 것은 참으로 두려운 일입니다. 우리 속담에 '세 치 혀가 사람 잡는다'라는 말이 있습니다. 한번 내뱉은 말은 다시 주어 담을 수 없으니, 말을 할 때에는 조심하라는 뜻입니다. 하물며 책은 어떻습니까? 말은 녹화나 녹음을 하지 않는 한 듣는 사람이 한정되어 있고 지나면 없어지지만, 책은 누구라도 접근할 수 있고 계속 남아 있으니까요.

컨설턴트로서 짧은 글을 여기저기 기고하고, 영어책을 번역하고, 경제연구소에서 낸 책의 한 꼭지를 담당한 적은 있었으나 온전히 내 생각으로 채워진 단행본은 아직이었습니다. 시간적 여유가 생기면서 책을 쓰고 싶다는 마음은 있었지만 아직은 아니라는 생각이 들더군요. 더군다나 '경영 방법론' 같은 것을 알려주는 책이 아닌, 인생 전반을 다루는 책이라니요. 후배들에게 인생에 대한 조언을 해줄 정도로 다양한 삶을 살지도, 오래 살지도 않았다는 생각뿐이었습니다.

그런데 예기치 않게 기회가 찾아왔습니다. 노스승을 만나 인생의 지혜를 듣고, 나 자신을 돌아보고, 그 깨달음을 후배들에게 전해줄 수 있는 기회. 곽수일 교수님을 만나 뵙고 나눈 대화는 내 속에 숨어 있는 '자기 성찰'의 욕구를 자극했습니다. 평소에도 '성공적인 삶이란 어떻게 사는 것일까?' 많이 묻고 생각했지만 답을 찾기가 쉽지 않았습니다. 그러던 중 곽 교수님을 만나 대화하고 배우면서 인생의 여러 질문에 대해 깊이 사색할 수 있었고 정리할 수 있었습니다.

세상엔 성공에 관한 수많은 책들이 있습니다. 하나같이 너무 당연한 이야기들을 툭툭 던지며 독자들로 하여금 알아서 취사선택하게끔 합니다. 그럼에도 저는 인생에서의 성공이 무엇이며, 어떻게 일을 선택해야 하는지 등에 대한 명확한 답을 얻지 못했습니다. 아마 많은 사람이 그럴 겁니다.

이 책은 그러한 답을 찾아가는 과정을 정리했습니다. 노교수님께서 생각하시는 인생과 제가 생각하는 인생을 덤덤히 적어봤습니다. 물론 이 답은 노교수님과 저의 답입니다. 그런 만큼 동의하는 사람도 있고, 아닌 사람도 있고, 다른 답을 떠올리는 사람도 있을 겁니다. 그 어느 쪽이어도 괜찮습니다. 최소한 이 책이 그러한 물음에 대한 생각의 단초를 제공하고 답을 찾는 과정에 기여했다면 지은이들로서는 그보다 더 좋은 일은 없을 테니까요.

중요한 것은 '생각하면서 사는 인생'입니다. 인생의 종착점에서 지나온 인생을 돌이켜봤을 때 "그래도 나는 꽤 성공적으로 산 것 같아"라는 말을 할 수 있어야 하지 않을까요. 그렇기 때문에 이 책에서 얘기하는 내용에 동의하느냐 아니냐는 중요하지 않습니다. 책을 읽으며 독자 분 각자가 자신의 답을 찾아가는 데 자극제 역할을 할 수 있다면 더할 나위 없는 보람을 느낄 겁니다. 그냥 그대로 부딪히며 가슴으로 느끼는 것이 인생입니다. 저는 이번 작업을 통해 제 자신의 해답을 찾았습니다. 이 책을 읽는 분들 또한 그랬으면 좋겠습니다.

2014년 6월

곽수일 교수님과 함께한 신영욱

| 차 | 례 |

| 프롤로그 |

삶을 다시 생각해야 할 때

오늘도 사무실 근처 대로변에 자리한 단골 커피숍에 들어섰다. 안으로 들어가 계산대에 서면 흰색 유니폼에 야구 모자를 쓴 종업원이 인사를 시도할 테고, 나는 그 인사말을 잘라 먹으며 단숨에 주문을 마칠 것이다.

"어서오세요, 스타벅……."

"더블 샷 에스프레소와 플레인 베이글 주세요."

그러면 살짝 당황한 바리스타가 "더 필요하신 것은 없으신가요?"라며 신입사원 교육 때 배운 대로 물을 테지만, 이 말 역시 "네. 크림치즈 주시고, 현금영수증은 됐어요"라고 일사천리로 내뱉는 내 말에 중단되고 말 것이다. 그렇게 나는 주문과 계산을 마치고 픽업(pick up) 대로 가서 주문한 음료와 빵이 나오길 기다릴 것이다.

그리고 10분 정도 뒤에는 사무실에 앉아서 노트북을 켜고 밤사이에 들어온 이메일을 확인하고 있을 것이다. 메일을 읽고 쓰기를 30분 안에 마치고, 나는 오전 8시 30분부터 시작될 회의 때 논의해야 할 사안들을 25분 정도 검토한 뒤 5분 정도 명상을 통해 마음을 가다듬고 절반쯤 마신 에스프레소 잔을 들고 회의에 들어갈 것이다.

이렇게 말은 하지만, 나는 딱히 시간을 정해놓고 생활한다던가, 강박증 환자처럼 1분 1초에 매달려 안절부절 못하는 스타일은 아니다. 그저 가능한 범위 내에서 내가 세운 계획에 따라, 내 능력으로, 내가 '하고 싶은 일'들을 내가 '할 수 있는 일'들로 만드는 것이 내 생활의 중요한 하나의 원칙이었다. 그리고 그것이 내가 살아온 방식이었다.

그런데, 오늘만큼은 좀 달랐다.

"어서오세요. 스타벅스입니다."

"네, 안녕하세요."

"주문 도와드릴까요?"

"톨 사이즈, 아, 아니, 카페라떼 그란데 사이즈로 주세요."

"다른 건 필요하지 않으세요?"

"플레인 베이글이요. 아, 아니, 스콘으로, 월넛 스콘 하나 주세요. 딸기잼이랑 버터도 주시고요."

"네, 감사합니다."

왜 그랬을까. 잘 모르겠다. 유지방이 잔뜩 든 라떼나 제대로 된 빵 맛도 나지 않는 월넛 스콘, 당분투성이의 딸기잼과 느끼한 버터까지, 평상시의 나라면 거들떠보지도 않았을 것들이었다.

게다가 종업원이 하는 질문에 고분고분 대답까지 하고 있었다. 사이즈, 샷 추가, 시럽을 넣을 것인지 말 것인지, 종이컵에 마실 것인지 머그컵에 마실 것인지 등등. 덕분에 주문에서 픽업까지 5분 가까이 걸렸다. 어쩌면 더 걸렸을 수도 있겠다.

그로부터 10분 뒤, 나는 사무실에 있지 않았다. 여전히 커피와 스콘을 주문한 그 커피숍의 한 귀퉁이에 앉아 느긋하게 스콘을 조각내서, 평소 같으면 손도 대지 않았을 딸기잼과 버터까지 듬뿍 발라 입에 넣는 중이었다.

사무실로 올라와서도 마찬가지였다. 하루 중 가장 바쁘고 중요한 그 시간에 나는 창밖에 시선을 두고 있었다. 그런 내 모습을 보고 사무실 밖 통로를 지나는 직원들이 수군대는 소리가 들려왔다.

"오늘 대표님 왜 저러신대?"

"글쎄……. 좀 지쳐 보이시는 것 같기도 하고……."

"그러니까……. 바쁜 아침나절에 저렇게 창밖만 한참 쳐다보고 계실 분이 아니잖아."

그랬다. 오늘은 평소와는 달랐다. 잠자리에서 눈을 떴을 때부터 느낌이 달랐다. 아니, 정확히는 어젯저녁부터였다. 어젯저녁부터 내게 이상한 날이 이어지고 있었다.

"왜 제가 F학점입니까?"

"뭐, 그럴 만하니까 그랬겠지."

억울한 나는 학생이라는 신분을 잊고 시험 채점 결과를 나눠주고 있는 교수님께 큰소리로 항의했다.

"저는 강의에 단 한 번도 결석한 적 없고요, 과제도 빠짐없이 잘 냈습니다. 중간고사나 기말고사 역시 다른 학생들보다 잘 봤다고 생각합니다. 그런데 B도 C도 아니고 F라니, 이해가 안 됩니다."

그러자 묵묵히 다른 학생들에게 시험 채점 결과를 나눠주느라 내 쪽은 쳐다보지도 않으시던 교수님이 천천히 고개를 돌려 나를 쳐다보셨다.

"자네, 내 과목을 신청한 이유가 뭔가?"

갑작스런 질문에 나는 대답을 하지 못하고 머뭇거렸다. 교수님은 틈을 주지 않고 재차 물으셨다.

"자네는 왜 공부를 하지?"

밑도 끝도 없는 질문에 내 입은 아예 닫혀버렸다. 이제껏 단 한 번도 경험해본 적 없는 상황이었다. 초등학교, 중학교, 고등학교, 대학교 때까지 나는 선생님이나 교수님의 질문에 머뭇거리거나 답하지 못한 경우는 한 번도 없었다. 달변까지는 아니더라도 내 대답은 항상 논리 정연했으며 정답에서 거의 벗어나지 않았다.

그런데 이번만큼은 어떤 대답도 할 수 없었다. 머릿속에서는 답을 해야지 하며 정답이라 생각되는 말들이 떠돌고 있었지만 입으로는 한마디도 내뱉을 수가 없었다. 마치 가위에 눌린 것처럼. 맞다, 꼭 가위에 눌린 것 같았다.

순간 나는 이게 꿈일지 모른다는 생각이 들었다. 나는 손에 쥔 답안지를 다시 펼쳐보았다.

"F"

요즘 세상에 이런 걸 어디서 구했을까 싶을 만큼 굵고 빨간, 어릴 때나 보았던 빨간색 색연필로 정중앙에 큼지막하게 'F'라고 되어 있었다. 도저히 믿을 수 없었다. 헌데 답안지 맨 하단 공란에도 빨간색 색연필로 적은 글씨가 보였다. 정갈하면서도 여성스러운 글씨로 적힌 네 개의 문장.

자네는 성공적인 삶을 살고 있는가?
자네는 진정 하고픈 일을 하고 있는가?
자네는 행복한 가정을 꾸리고 있는가?
자네는 어떻게 살고 또 어떻게 죽을 것인가?

나는 깜짝 놀라 빨간 색연필로 적힌 문장들을 다시 한 번 읽어보았다. 내가 어제까지 하고 있던 고민들이 지금, 뜬금없이 대학교 시험 답안지에 적혀 있었다!

'이게 도대체 어떻게 된 일이야?'

그때였다. 잠시 시야에서 사라졌던 교수님이 다시 내 앞으로 오셔서 나를 물끄러미 바라보셨다.

"자네, 왜 그 질문들에는 답을 안 적었나? 지금이라도 답을 할 수 있을 것 같은가? 아니, 아직도 모르겠지. 생각도 안 해봤을 거야. 그렇기 때문에 자네는 F야!"

교수님의 쩌렁쩌렁한 목소리에 나는 깜짝 놀라 잠에서 깼다.

나는 삼형제 중 막내였다. 식민 시대와 한국전쟁 등을 겪은 부모님은 충분한 교육을 받지 못하셨기에 여느 부모처럼 내 자식들만큼은 빚을 내서라도 꼭 공부를 시키고야 말겠다는 마음이 강하셨다. 그런 만큼 우리 삼형제를 대한민국 최고 명문대에 보내는 것이 부모님의 평생소원이었다. 많은 노력을 했지만 아쉽게도 형들은 그런 부모님의 기대에 완벽하게 부응하지는 못했다. 결국 부모님의 아쉬움과 열망은 마지막 기회였던 막내아들인 내게 집중되었다.

그런 기대와 압박 속에서 자란 나는 심한 공부 스트레스에 시달리기는 했어도 누구와 견주어도 뒤지지 않을 만큼 공부 실력은 우수했다. 천재 소리를 들을 만큼은 아니었지만, 꽤 우수한

편에 속했다. 해야 할 공부의 맥을 짚어 내가 세운 계획에 따라 체계적이며 효율적으로 공부하는 방식을 터득하고 있었다. 그러니 시험공부를 제대로 못해서 F학점을 받는다는 것은 상상조차 할 수 없었다.

"대학 졸업한 지가 언제인데 뭐 이런 황당한 꿈이……. 요즘 내가 머리가 복잡하긴 했나보군."

겨우 새벽 4시였지만 다시 침대에 눕는다고 해서 잠이 올 것 같진 않았다. 그래서 책이나 읽을까 하고 서재로 갔다. 서재로 가서 어제 읽다 만 책을 펼치려다가 불현듯 나는 책상 서랍을 뒤지기 시작했다.

"어디 뒀더라……. 분명 예전에 떼어놓은 서류를 여기 어디쯤 뒀을 텐데……."

몇 칸의 서랍을 뒤지고 나자 마침내 내가 찾던 서류 한 장이 눈에 들어왔다.

성적 증명서. 서울대학교 교무처가 발급해준 내 대학교 성적 증명서였다. 몇 해 전 직장에 제출하기 위해 떼면서 여분으로 남겨두었던 것이다.

"어디 보자, 내가 그 수업을 들었던 게 3학년이었나……."

꿈속에서 충격적인 F학점을 받았던 그 수업은 바로 내가 대학 3학년 때 들었던 '생산관리'였다. 현실의 성적 증명서에는 'A-'라고 기재되어 있었다. 나는 마치 초등학교 졸업앨범을 쳐다보듯 감상에 빠져 한참이나 들여다보았다. 그러다 문득 그분이 떠올랐다. 작은 키였지만 쩌렁쩌렁한 목소리로 지각한 학생을 호통 치며 쫓아내시던 그분.

"그러고 보니 뵌 지 참 오래됐네. 잘 지내고 계시려나."

"산에 들어가는 거 아냐?"

요새 내가 가장 많이 듣는 말이다.

서울대학교의 경영학부와 경영대학원을 졸업한 나는 국내 유수 그룹의 전자회사와 경제연구소에서 일하다가 하버드 대학교 경영대학원에서 MBA를 마친 후 글로벌 컨설팅 회사에서 컨설턴트로 경력을 쌓았고, 현재는 후배와 함께 잠시 컨설팅 회사를 운영하고 있다.

그간 열심히 산 보상으로 남은 삶을 걱정하며 살지 않을 정도의 재산은 모았다. 아내와의 관계도 남들의 부러움을 살 만큼 좋으며, 하나 있는 딸아이는 착하게 잘 자라 현재 미국에서 유학 중이다. 어떻게 보면 남들이 부러워할, 부러워하지는 않더라도 "그 정도면 성공했네"라고 말할 수 있는 인생이다.

그런데 최근 들어 깊은 상념과 고민에 빠져드는 날들이 부쩍 늘었다. 이렇게 사는 것이 과연 성공한 건지, 후배들에게 "너희도 나처럼 인생을 살아야 해"라고 말해줄 수 있을지 계속 생각해봤지만, 아직 성공한 인생이 무엇인지 잘 모르겠다는 생각만 들었다.

나는 평생 좌뇌를 주로 써온 사람이다. 좌뇌는 일명 '언어뇌'라고 해서 언어 구사 능력이나 문자나 숫자, 기호의 이해 등 주로 분석적이고 논리적인 분야를 담당한다. 반면 우뇌는 '이미지뇌'라고 해서 그림, 음악, 운동 등 예체능과 관련된 일들과 아름다움, 직관, 인간관계 등 주로 감각적인 분야를 담당한다.

나는 지금껏 논리적으로 분석하고, 여러 단서들의 파편으로부터 의미를 추론해내고, 다른 사람이 해결하지 못하는 문제에 대한 해답을 찾아내고 대안을 제시해주는 일을 주로 해왔다. 즉 좌뇌를 주로 활용해왔고, 좌뇌를 쓰는 일들이 그 반대의 일보다 내게 잘 맞는다고 생각했다. 이는 내가 지금까지 해온 일과 무관하지 않다. 특히 MBA를 마치고 들어간 글로벌 컨설팅 회사가 큰 영향을 주었다.

경영학과를 선택했을 때부터 나는, 내가 좀 더 경험과 지식이 쌓이면 '기업의 의사' 같은 컨설턴트를 해보고 싶다는 생각을 해왔다. 그런 면에서 본다면 나는 그 꿈을 이룬 것이다. 그곳에서 나는 고객이 풀다풀다 못 푼 가장 어려운 문제를 맡아, 고객의 현황을 분석하기 위해 수많은 인터뷰 자료와 서류를 검토하고, 내가 가진 모든 지식과 역량, 논리적 사고를 동원해 매우 높은 수준의 문제를 연속으로 해결하곤 했다.

그런데 '문제 해결의 전문가'였던 내게 여전히 답이 나오지 않는 질문들이 있었다. 특히 최근엔 익숙해진 삶에서 잠시 몇 발자국 떨어져서 살아가는 시간에 대해, 그 시간들이 모인 일상의 삶에 대해, 그리고 그 삶들의 연속인 인생에 대해 조금은 깊이 있게 고민해봐야 하지 않을까 하는 생각이 머릿속을 채워가고 있었다. 이제까지 풀어왔던 문제와는 달리 해답을 찾기가 어려운, 좌뇌는 물론이거니와 우뇌까지 써야 하는 고차원적인 질문들이 계속 떠올랐다.

성공한 삶이란 무엇인가?
더 나은 삶을 살기 위해서는 어떻게 해야 하는가?
행복한 결혼생활과 가정생활이란 무엇인가?
어떻게 살아야 하며, 어떻게 죽어야 하는가?

이러니 친구들이 산에 들어가는 거 아니냐고 말하는 것도 당연했다. 일적으로나 사회적으로나 가정적으로나 나는 큰 문제가 없었다. 그렇더라도 삶의 기본에 대해 다시 한 번 냉정하게 살펴보고 싶다는 생각이 들었다. 한 번쯤 나의 삶과 그 삶을 이루는 것들의 본질을 깊이 파고들고 싶었다. 그러한 사고(思考)를 통해 단순히 나 혼자만 잘사는 것이 아닌, 나와 같은 고민을 하고 있는 내 나이 또래의 사람들, 그리고 앞으로 어떤 삶을 살 것인지 고민하고 있을 젊은 후배들에게도 무언가 조언해줄 수 있는 대답을 찾고 싶었다. 그것이 인생의 전환점에 서 있는 내게 주어진 중요한 숙제이자 사명 같았다.

하지만 막상 답을 찾으려니 시작을 어떻게 해야 할지 막막했다. 그저 고민만 많아졌을 뿐 아무런 진전이 없었다. 그런 산에 들어가게 될지도 모를 압박감이 결국 이런 꿈까지 꾸게 한 것이다. 내가 숙제로 생각하고 있던 질문들이 적힌 시험 답안지, 그리고 거기에 적힌 믿을 수 없는 'F'. 여기까지는 그래도 설명이 됐다. 그런데 왜 하필 '그분'의 수업이었을까? 그것도, 그런 학점을 받았을 리도 없지만, F가 아닌 A학점을 받은 '그분'의 수업이라니.

알 수 없는 일이었다. 꿈도, 인생도.

"이 골목이 맞는 것 같은데……."

'녹두거리'로 불리는 서울대입구역 근처의 유흥가는 30년 전과는 많이 달라져 있었다. 음식점이라고 해봐야 막걸리에 파전을 파는 학사주점이나 3000원이면 친구와 함께 500cc 맥주 서너 잔에 마른 안줏거리를 먹을 수 있었던 생맥주집들이 주를 이뤘던 거리에는, 며칠은 감지 않은 듯한 머리에 무릎이 다 나온 바지를 입고 어슬렁거리는 고시생들이나 한눈에 봐도 모범생 티가 나는 외모로 신기한 듯 네온사인 간판을 두리번거리며 쳐다보는 학생들이 대부분이었다. 하지만 지금은 일본식 선술집인 이자카야를 비롯해서 위스키 바, PC방 등이 즐비했고 세련된 차림과 외모의 청춘 남녀들이 활보하고 있었다.

오가는 사람들의 표정도 무척이나 달랐다. 뭔가 주눅 들고 위축된 듯 보였던 30년 전과는 달리 누구 하나 구김이나 거리낌이 없었다. 친구들과 큰 소리로 떠들거나 스마트폰을 매만지며 걸어가는 젊은이들의 당당한 표정은 다소 오만해 보이기까지 했다.

"세상이 변했으니까."

나도 모르게 말이 툭 튀어나왔다.

'세상이 변했다는 것'은 늘 인식하지만 잘 체감하지 못하는 화두 중 하나였다. 세상이 변하는 만큼 나 또한 변한다. 그렇기에 보통은 그 변화를 잘 못 느낀다. 그러나 이렇게 오랜 시간 떨어져 있던 공간을 다시 찾거나 한동안 만나지 못했던 사람을 다시 만나게 되면 확연히 느낄 수 있다. 오늘만큼은 확실하게 세상이 변했다고 느껴졌다. 지리가 헷갈려 약속 장소를 찾기 위해 두리번거리는 나만이 30년 전 녹두거리의 모습을 그대로 간직한 듯했다.

그나저나 후배가 알려준 약속 장소는 도무지 찾을 수 없었다. 그 '이상했던 하루'에서 며칠이 지나 모처럼 선후배들과의 모임 약속이 있어 총무를 맡은 후배로부터 안내를 받아 녹두거리에 있다는 한 한정식 집을 찾는 중이었다.

"여기 어디라고 했는데, 어디가 어딘지를 모르겠네."

푸념하는 순간 저만치 커피숍 2층에 간판이 보였다. '한정식 전문' 이라는 글씨가 가게 상호보다도 훨씬 도드라지게 적혀 있어서 잠시 헷갈린 모양이다.

식당 문을 열고 들어서니 벌써 많은 선후배가 자리에 앉아 왁자지껄하게 술잔을 주고받고 있었다. 오랜만에 만나는 사람들과 반갑게 인사를 나눈 뒤 나도 자리를 잡고 앉아 모임에 젖어들었다. 40대 중반에서 50대 초반까지의 사내들 모임이 그렇듯 대화는 어느덧 직장 얘기, 돈 얘기로 흘렀다. 간혹 아이들 교육 문제나 부부생활 이야기가 나오기도 했지만, 다시금 주가지수와 정년, 사업 현황과 직장 내 정치 문제로 이어졌다.

하지만 나는 관심이 없었다. 물론 평상시라면 주위 사람들과 함께 기꺼이 논쟁의 한복판에 뛰어들었을 것이다. 그런데 이날 내가 모임에 온 까닭은 다른 데 있었다. 학교 소식에 밝은 친구들이나, 아직 학교에 남아서 연구를 하거나 강의를 하고 있는 후배들이 온다면 '그분' 의 소식을 들을 수 있지 않을까 싶어서다. 안타깝게도 나의 바람과는 달리 학교에 남아 있는 후배들은 모임에 오지 못했다. 온 사람들 대부분은 나처럼 학교를 졸업한 지 20년 이상 된 기업 임원이나 전문직 종사자가 대부분이었다. 학교 소식에 대해서는 그들 역시 나처럼 깜깜했다.

다만 '그분' 이 학계는 물론이고 언론 및 방송을 통해 일반인에게도 워낙 이름이 알려진 분이다 보니 성함을 듣자마자 여기저기서 다양한 반응이 튀어나왔다.

"아, 그 F학점 폭격기!"

"호랑이 선생님."

"아니지, 불사조 교수님이지."

"신형 에쿠스 1호의 주인공이셨지, 아마?"

"한국에 최고경영자과정을 도입하신 분 아니야?"

'불사조 교수님'이라고 칭한 친구는 몇 해 전 신문기사에서 읽었다며 교수님이 투병생활을 오래 하신 것 같다고 했다. 반면 다른 친구는 모 자동차 회사에서 새롭게 출시된 신형 고급 세단 차 1호의 주인공으로 뉴스에 나온 교수님의 정정하신 모습을 봤다며 '투병은 과장'이라고 핀잔을 주기도 했다. '최고경영자과정을 도입하신 분'이라고 기억하는 친구는 자기네 회사 역대 CEO가 모두 그 과정을 들었다며 "그야말로 CEO들의 스승이시지"라고 교수님의 학문적 업적과 넘치는 열정, 탁월한 실행력에 대해 마치 어젯저녁 막 교수님을 뵙고 오기라도 한 것처럼 생생한 표현을 섞어가며 침이 튀도록 설명했다.

이 외에도 저마다 뉴스에서 보고 들은 교수님의 근황에 대해 한마디씩 했지만, 정작 가장 듣고 싶던 대답은 엉뚱하게도 출판사를 운영하고 있다는 한 후배로부터 나왔다.

"학교에서 정년 마치시고 지금은 나무를 키우고 계신다던데요."

"아, 그래?"

나는 물끄러미 술잔 끄트머리를 바라보며 고개를 끄덕였다. 그러자 후배가 물었다.

"아니, 형. 진짜 몰랐어요? 난 형이 우리 중에 생산관리 학점이 가장 높아서 교수님 수제자인 줄 알았구먼."

실제로 그랬다. 이날 모인 열 명 중 다섯 명이 '생산관리' 수업을 들었는데 나를 제외한 네 명 중 세 명이 C학점을 받았고, 나머지 한 명은 며칠 전 꿈속의 나처럼 F학점을 받았다고 했다. 'F학점 폭격기'라고 기억하고 있는 친구의 말은 괜한 것이 아니었다. 오죽하면 우리끼리는 원래 과목명 대신 '생사(生死)관리'라고 불렀을까.

"그럼 지금 어디 계셔? 나무를 키우신다면 귀농하신 건가?"

"정확한 내용은 저도 직접 물어봐야 하는데, 서울에 계시면서 수시로 나무농장을 왕래하신다고 했던 것 같은데요."

"혹시 교수님과 연락할 방법 있을까? 같이 한번 찾아가 뵙지 않겠어?"

교수님과의 재회는 약간은 의외의 장소에서 이루어졌다. 후배가 안내한 곳은 서초구 반포동에 위치한 대한민국학술원이었다. 서울 강남 한복판에 이런 곳이 있으리라고는 생각조차 못했을 정도로 호젓한 산중에 자리하고 있었다. 마침 보슬비가 촉촉이 내리고 있었는데, 학술원 뒤를 감싸고 있는 우거진 나무숲은 떨어지는 빗물을 매개 삼아 금방이라도 땅을 녹색으로 물들일 듯이 순수하고 깨끗한 녹음을 자랑하고 있었다.

비싼 땅값을 자랑하는 강남 요지의 한복판을 차지하고 있으면서도 건물은 소박했다. 야트막한 3층짜리 건물로 내부는 거의 아무것도 없다시피 했고, 사람 역시 많지 않았다. 대신 알 수 없는 중압감이 느껴졌다. 숲으로 둘러싸인 덕분에 공기는 여기가 서울인가 싶을 정도로 맑고 쾌적했지만, 건물 내부의 공기만큼은 레버를 끝까지 돌려 끊어지기 직전까지 당겨놓은 바이올린의 현처럼 팽팽했다.

"여기서 제일 귀한 사람이 누군지 알아요?"

건물 입구에서 두리번거리던 나와 후배의 등 뒤에서 갑자기 말소리가 들려왔다. 푸근하면서도 단어 하나하나에 묘하게 힘이 실린 목소리였다. 놀라서 뒤를 돌아보니 '그분'이 서 계셨다.

"학생이랑 학사. 여기에는 널린 게 교수고 박사다 보니 학생이랑 학사가 귀하지, 암. 하하!"

작은 몸집, 시원스런 이마에 늘 웃는 듯한 서글서글한 눈매. 어린아이처럼 상대방의 허를 찌르는 질문을 던져놓고 재미있다는 듯 껄껄 웃는 천진난만한 표정. 30여 년 전 강단에서 뵈었던 그 모습 그대로였다. 달라진 것이 있다면 상대방의 오금이 다 저리도록 쏘아붙이던 날카로운 눈빛이었다. 그 눈빛은 이제 거의 찾아볼 수가 없었고, 웃음 때문에 총총한 선한 눈길이 대신하고 있었다. 이전 학생들에게는 좀 무서운 선생님이셨다면, 지금은 친근하게 다가갈 수 있는 인생의 스승 같은 느낌이 들었다. 한 발짝 떨어져 인생을 관조하는 듯한 미소, 한참 어린 후배인데도 세세하게 배려해주는 몸짓, 넘침이 없는 잔잔한 목소리. 나도 20년 후에는 저런 모습이면 좋겠다는 생각이 절로 드는 편안함이 있었다.

하지만 나와 후배는 30여 년 전처럼 쭈뼛하니 어정쩡하게 고개 숙여 인사했다. 교수님은 뒤이어 말씀을 남기고 성큼성큼 본인의 방으로 들어가셨다.

"들어오세요."

교수님의 말버릇이었다. 존댓말과 반말을 반쯤 섞어서 하는. 반말로 불렀다가도 끝은 꼭 존댓말로 마무리하시거나, 존댓말로 시작했다가도 강조해야 할 부분이 있으면 반말로 하시곤 했다. 한참 아랫사람이라고 할지라도 막 하대를 하는 법이 없으셨다.

그렇게 교수님을 따라 방 안으로 들어서고 나서야 나는 학술원 건물에 들어선 이후에 느꼈던 중압감과 팽팽함의 정체를 알게 되었다. 바로 '지성의 무게'였다.

"저기는 전에 총리를 하셨던 분 자리고, 저 앞은 예전에 연세대학교 총장을 하셨던 분 자리고, 저기 저 맞은편은 서울대 대학원장 하셨던 분 자리고, 나는 막내라 여기야."

이곳에선 귀한 게 학생과 학사라더니 실제로 교수님이 안내

해주시는 학술원은 방마다 대한민국의 문화와 학문, 예술과 과학기술을 이끌어온 최고 석학들의 흔적으로 가득했다. 칠십, 팔십이 넘은 나이에도 사무실에 나와서 정력적으로 활동하며 강연, 집필, 칼럼 기고 등으로 후학들에게 수십 년간 축척해온 자신들의 지식과 경험을 전해주기 위해 노력하고들 계셨다. 그런 석학들이 뿜어내는 내공, 이른바 지성의 무게가 나로 하여금 중압감과 팽팽함을 느끼게 한 것이다. 교수님께 그런 감흥을 이야기했더니 교수님은 웃으시며 손을 내저으셨다.

"무슨……. 그냥 원로 학자들 와서 책이나 보라고 사무실 하나 내어준 거지. 근데 여기만큼 좋은 직장이 없어요, 우리처럼 공부하는 게 평생 직업이었던 사람들에게는. 조용하지, 방해받지 않고 공부할 책상 있지. 궁금하면 옆에 앉은 사람들에게 물어보면 돼. 다 자기 분야에 최고 박사들이라 물어보면 바로 답이 나와."

말이야 그렇게 하셨지만 학술원이 어떤 곳인가. 그런 곳의 종신회원이라는 얘기는 해당 학문 분야에서 대한민국을 대표하는 지성이라고 해도 전혀 지나침이 없다는 뜻이다. 지금 우리 앞에 앉아서 마치 동네 어르신처럼 유쾌하게 말씀을 나누고 있는 이 분 역시 그렇다.

곽수일(郭秀一). 한국 경영학계의 산 증인. 척박한 한국 경영학을 한 단계 성장시켜 선진국과 어깨를 나란히 할 수 있도록 하는 데 큰 기여를 한 경영학자 중의 한 분.

강단에 서셨던 서울대는 물론, 대한민국의 경영학도라면 반드시 한 번쯤 보았을 여러 경영학 교과서를 쓰신 장본인이다. 1970년대에 이미 대한민국 최초로 '최고경영자과정'을 개설하여 숱한 스타급 CEO를 배출하며 '한국 CEO의 영원한 스승'이라는 영예로운 별명으로 불렸던 스타 교수님이다. 이 분이 우리나라 경영학계에 끼친 영향과 업적에 대해 어찌 다 설명할 수 있으랴.

특히 교수님은 '최연소' 그리고 '최장기' 서울대 교수라는 두 가지 기록적인 타이틀의 소유자시다. 만 스물다섯 살에 서울대학교 전임강사로 임명된 교수님은 이후 장장 40년 6개월간 서울대 경영학과 교수로 강단에 서 계셨다. 내 꿈속의 그 수업, '생산관리'는 서울대 경영학과 학생이라면 누구나 들어야 했다. 그리고 수업을 들은 학생들이라면 '수강할 때는 힘들지만 나중에 생각해보면 정말 보람 있었던 수업'으로 꼽는 명강의였다. 기존에 경영자의 감(感)에 의존해 주먹구구식으로 의사결정이 이루어졌던 생산관리를 포함한 경영 전반의 활동에 대해 치밀한 가설과 탄탄한 논리 체계 수립, 데이터와 수치를 바탕으로 한 정교한 분석 등을 통해 과학적인 의사결정이 가능하도록 한 교수님의 수업은, 졸업을 하고 나서 실제 경영 현장에서 일할 때 더 생각이 났고 유용하게 쓰였다. 그렇게 교수님은 '제대로 된 지식'을 학생들에게 전달해주셨다.

그런데 문제가 생겼다. 교수님을 만나 뵙긴 했지만 딱히 뭐라고 드릴 말씀이 없었다. 여쭈어볼 것은 많았지만 어떻게 대화를 시작해야 할지 감이 오질 않았다. 잠시 어색한 침묵이 길게 흘렀다. 그러다 불쑥 나는 이렇게 물었다.

"그런데 교수님, 왜 제게 생산관리 A-를 주셨습니까?"

"왜? 너무 높게 줘서?"

"아니요. 그 반대라서요."

교수님은 혼잣말로 '아닌데' 라고 하시면서 고개를 갸우뚱하셨다.

"사실 제가 그때 교수님 과목 정말 열심히 공부했거든요. 교수님 강의를 들은 선배들이 학점을 하도 짜게 주신다고 해서요. 그 과목 공부할 시간에 다른 과목 두세 개는 더 할 수 있었을걸요? 그래서 전 내심 A+ 받을 줄 알았습니다."

그러자 교수님이 고개를 가로저으셨다.

"아니에요. 자네는 최고의 점수를 받은 거야. A라는 말은 신 대표가 나보다 '나은 학생' 이라는 평가였거든."

교수님의 뜻밖의 말씀에 나는 어안이 벙벙했다. 교수님은 자신의 '성적 부여 방식' 에 대해 설명해주셨다.

"내가 말이야, 미국에서 MBA를 받고 와서 보니까 우리 학생들이 미국 학생들에 비해 너무 공부를 안 한다는 생각이 들었단 말이야."

"그때는 뭐, 대학 하면 통기타의 낭만, 청바지, 생맥주가 떠올랐으니까요. 고등학교 내내 고생했으니 대학 가면 자유다 싶었기도 했고. 학생운동도 치열하지 않았습니까."

"그랬지. 그래서 내가 우리 학생들이 적어도 미국 학생들의 5분의 1만이라도 따라가게 해야겠단 생각이 들었지. 그래서 정말 혹독하게 공부들 시켰어요."

"맞습니다. 그때 과제가 참 많기도 했지요. 교수님 수업 따라가느라고 다른 과목은 대충 듣는다는 동기들도 있을 정도였으니까요."

교수님은 "그래?"라고 모른 척 장난스럽게 웃으셨다. 그러고 보니 교수님은 항상 말씀이 끝날 때마다 웃음으로 마무리하고 계셨다.

"아마 그때, 한 학기에 과제 열 개쯤 내줬을 거야. 두 개 이상 내지 않아도 F, 세 번 이상 결석해도 F, 학기말 시험에서 40점이 안 나와도 F를 줬지."

"그래서 F학점 폭격기라고 불리셨지요."

"그렇지. 내 나름의 기준에 충실하게 성적을 주다 보니까 수강생의 20퍼센트는 F 받았을 거야. 심할 때는 아마 40퍼센트가 F 였을걸. 오죽했으면 학적과에서 성적 입력하다 말고 내 연구실로 전화를 한 적도 있어요. 그대로 입력해도 되나 싶어서 말이지."

교수님의 말씀을 듣고 있자니 성적표에 찍힌 F를 보고 낭패라는 생각에 어쩔 줄 몰라 하고 있을 학생들의 표정이 생각났다. 측은하기도 하면서 그 또한 학창 시절에만 경험할 수 있는 낭만이라는 생각에 그럽다는 생각도 들었다.

"아무튼 그때는 학생이 나보다 나으면 A, 그냥 월등한 정도면 B를 줬어. 보통의 학생들은 대부분 C를 줬고. 그 외에는 몽땅 D나 F를 줬거든."

"그렇다면……?"

"그렇지요. 신 대표가 A를 받았다면 나보다 나은 사람이라는 거지. 암."

교수님께서 '나보다 나은 사람'이라고 하시는데 더 이상 뭐라고 할 말이 없었다. 그저 웃음으로 답할 수밖에.

교수님과 30여 년 전 관악에서 있었던 일들을 나누다 보니 어느덧 찻잔이 바닥을 보였다. 창틀 끄트머리에 희미하게 남아 있던 햇살은 어느새 어둠에 밀려 내일을 기약하고 있었다. 이제 갈 시간이 되었다는 생각에 며칠 전의 꿈과 그날의 앞뒤 며칠간 내 머릿속을 꽉 채우고 있던 상념들이 떠오르며 마음이 조급해졌다.

"저기, 교수님."

웃음을 지우고 정색을 하며 자신을 부르는 나를 물끄러미 쳐다보며 교수님은 하고 싶은 이야기가 있으면 해보라는 표정을 지어 보이셨다. 그 통에 오히려 이야기를 꺼내기가 더 어려웠지만, 간신히 입을 열었다.

"교수님, 제가 요즘 좀 생각이 많습니다."

"무슨 생각?"

나는 이왕 여기까지 말을 꺼낸 김에 좀 더 솔직하게 내 생각을 말하기로 했다. 최근에 한 생각들을 포함해서 제법 오래전부터 내 머릿속에 있었던 생각들, 인생의 중반을 넘어서며 내 스스로 정리를 하고 나와 같은 고민을 해온 또래의 사람들에게나 또는 앞으로 하게 될 젊은 후배들에게 도움이 될 만한 이야기들을 정리하고 싶다고 말씀드렸다.

그때였다. 학술원까지 나를 안내한 뒤 별다른 말을 않고 있던 후배가 갑자기 입을 열었다.

"그러면 이렇게 해보는 건 어떨까요? 형이 생각하시는 것들에 대해 교수님이 수업을 하는 거예요. 형이 묻고, 교수님이 답하시는 형태로요. 그리고 그 내용을 책으로 정리해보면 어떻겠습니까?"

나와 교수님은 동시에 손을 내저으며 장난스럽게 후배를 타박했다.

"이보게, 내가 40년 반을 꼬박 학생들을 가르치고 나서 이제 겨우 숨 좀 돌리고 내 시간을 가져볼까 그러는데 또 무슨 수업을 하라고. 게다가 신 대표처럼 공부도 많이 하고 성공한 사람한테 무슨 수업을 해요. 하하."

"에이, 책이라니. 나는 머리가 앞서는 사람이라 딱딱하고 무미

건조한 글이 나올 텐데 그런 책을 누가 사서 보겠어? 그냥 넣어둬. 하하."

하지만 후배는 굽히지 않았다.

"수업이라고 해서 학교에서 하는 것처럼 딱딱하게 할 필요는 없지 않습니까. 아무 때나, 편하실 때, 편하신 장소에서 하면 되지요. 오늘처럼 그냥 차 한잔을 나누며 해도 좋고, 같이 식사를 하거나 술잔을 기울이면서 해도 좋고요. 두 분이라면 그렇게 나누는 이야기를 통해서도 충분히 삶의 의미 있는 모습들에 대해 깊이 있는 배움을 주고받으실 수 있을 텐데요."

후배의 유혹은 계속되었다.

"형, 책이라는 게요, 물론 감수성이 있는 전문작가가 수려한 문체로 물 흐르듯 적어놓은 글이면 좋겠지만, 그렇지 않더라도 괜찮아요. 조금은 투박하고 서툴더라도 진심이 담긴 글이라면 충분히 가치가 있거든요. 사람들은 잘 쓴 글도 그렇지만 진정성이 담긴 글도 좋아하고 읽으니까요. 아까 형이 요즘 고민하는 것들에 대해 말했을 때 깜짝 놀랐어요. 저도 그런 고민, 하고 있거든요. 저뿐만 아니라 제 주변 사람들 대부분 그런 고민 하고 있을걸요? 이제 막 사회생활 시작한 후배들도 그런 고민 털어놓더라고요. 그런 친구들이 다 교수님이나 형 같은 분을 직접 찾아뵙고 고견을 들을 수는 없지 않겠습니까. 책을 통해서나마 간접적으로라도 접할 수 있다면 분명 큰 도움을 받을 겁니다."

늘 장난기 어린 표정에 생글생글 웃는 친구라 다소 어리게 보았는데 잘못 본 모양이다. 하긴 이른 나이에 출판사를 시작해서 짧은 시간 안에 성과를 냈다는 걸 보면 표정과는 달리 강단도 있고 추진력도 있는 듯했다. 그렇다고 나 혼자 틈 날 때마다 교수님을 만나 개인적으로 고민들을 물어보고 혜안을 구하는 건 조금 아닌 듯싶었다. 그렇게 나 혼자 교수님의 말씀을 듣고 그런 혜택을 기반으로 생각을 좀 더 쉽게 정리하고 더 나은 삶을 향유하는 것은 내 스타일이 아니었고, 내가 원하는 바도 아니었다.

나의 고민은 '어떻게 하면 사회적 지위를 좀 더 높일 수 있을까?', '어떻게 하면 돈을 좀 더 많이 벌 수 있을까?' 하는 일차원적 문제가 아니었다. 며칠 전 꿈속의 답안지에 빨간 색연필로 적혀 있던, 보다 본질적인 문제였다. 일견 후배의 말이 일리 있었다.

난 중요한 순간에는 의사결정이 빠른 편이다. 교수님이 답하지 않으셨기에 가만히 있었지만 어느덧 내 머릿속에는 '수업', '책' 등의 단어가 빠르게 오가고 있었다. 아니, 어쩌면 오늘 교수님을 뵈러 오겠다는 결정을 내리던 그 순간부터 어느 정도는 생각하고 있었는지도 모른다. 여전히 교수님은 가타부타 말씀이 없으셨다. 긍정도 부정도 수락도 거절도 아닌 묘한 표정만 짓고 계실 뿐이었다.

이후로 우리는 몇 가지 사소한 일상에 대한 이야기를 나눈 뒤, 교수님께서 약속이 있다고 하시기에 학술원을 나섰다. 마다하는 나와 후배를 굳이 배웅하기 위해 학술원 계단을 내려오시며 교수님이 말씀하셨다.

“이봐, 신 대표. 혹시 들었는지 모르겠지만, 내가 소일거리 삼아서 시골에서 나무를 좀 기르고 있어요.”

“네, 들었습니다.”

“언제 시간 나면 한번 놀러 와요. 널찍한 곳에 나무들을 제법 많이 심어놔서 와보면 볼 만할 거요.”

순간 나는, 내 마음속의 요청과 후배의 제안을 교수님이 에둘러 수락하신 것이라는 확신이 들었다.

“놀러 와서 나무나 구경하며 세상사는 이야기나 나눕시다. 언제가 좋을까? 주말에는 오고가는 데 차가 많이 막힐 테니…… 나무 목(木), 나무요일, 목요일이 어떨까? 한 달에 한 번, 나무요일에 만나도록 하지요.”

나는 대답 대신 고개를 가볍게, 하지만 천천히 숙여 감사의 마음을 표했다. 옆에 있던 후배는 벌써 자신의 태블릿 PC에 스케줄을 반영하며 싱글벙글 좋아했다.

“멋진데요! 나무농장에서 펼쳐지는 국내 최고의 석학과 국내외 유명 대학을 졸업한 천재 컨설턴트의 수업이라.”

이번에도 교수님과 나는 “호들갑 좀 떨지 말지”라며 장난스럽게 후배를 타박했다. 하지만 나 역시 흥분되기는 마찬가지였다. 30년 만에 다시 시작하는 수업. 이번에야말로 선후배들이 농담처럼 불렀던 '생사(生死)관리' 수업이 진짜로 시작될 참이었다. 삶(生)에서 죽음(死)까지 우리 인생의 전반적인 부분에 대해서 다시 한 번 진지하게 살펴보는, '진짜 삶'에 대한 '살아 있는 수업'이.

그야말로 다시없을, 아주 특별한 재수강.

해는 어느덧 완전히 저물어버렸고, 학술원 앞마당 주차장에는 연한 가로등 몇 개가 겨우 길과 길이 아닌 곳을 구분할 정도로만 빛을 발하고 있었다. 하지만 나는 조금 더 밝은 길을 볼 수 있으리라는 확신에 가득 찼다.

다음 주 목요일에 교수님의 나무농장을 찾아뵙기로 약속하고 차에 오르는데, 뒤편에서 교수님의 장난기 어린 목소리가 들려왔다.

"그나저나 신 대표, 특별히 봐주는 거예요! 원래 A는 재수강이 안 되는데."

| 첫 번째 수업 |

어떻게 원하는 일을 찾을 것인가

생사관리 수업이 시작되다

첫 번째 나무요일에 진행하기로 한 수업은 시작부터 삐걱거렸다. 내가 온전한 학생이 아닌 점, 서울 교외의 농장까지 가서 몇 시간 동안 수업을 듣기에는 내가 너무 바쁜 것이 문제였다. 어떻게 해서든 교수님과 약속한 목요일에 수업을 듣기 위해 갖은 노력을 기울였지만 도저히 시간을 맞출 수 없었다. 결국 역사적인 첫 번째 수업은 예정보다 하루 늦춰 진행되었다.

"죄송합니다."

금요일 낮, 농장에 차를 세우고 내리자마자 나는 고개를 꾸벅 숙였다. 교수님은 대수롭지 않다는 듯 손을 내저으시며 종종 걸음으로 사무실 겸 서재로 사용하고 있는 집 안으로 들어가셨다.

'수업 날짜를 바꿔서 화가 나신 건가?'

교수님을 따라 들어가 안색을 살폈다. 늘 환했던 얼굴에 웃음기가 쏙 빠져버리고 심각한 표정이 대신하고 있었다. 나는 어쩔 줄 몰라서 다시 죄송하다고 해야 할지, 오늘 수업은 취소하고 다음 주 목요일에 다시 찾아뵙겠다고 해야 할지 고민하느라 머리가 아플 지경이었다. 하지만 다 쓸데없는 고민이었다. 교수님이 심각하신 이유는 다른 데에 있었다.

"큰일이야. 오늘 저 밖에 사둔 묘목을 꼭 다 옮겨 심어야 하거든. 근데 오기로 한 인부들이 연락도 없이 오지를 않았어. 저대로 두면 묘목 뿌리가 다 말라서 죽어버릴 텐데……. 이거 어쩌지?"

교수님은 계속해서 여기저기 전화를 돌리시며 당장이라도 인부를 보내줄 수 있는지를 물어보셨다. 하지만 한창 농번기인 탓에 쉽지 않은 듯했다.

대충 살펴봐도 묘목들은 수천 주가 넘어 보였다. 도와드리고 싶었지만 도시에서 태어나 농사일이라고는 대학 시절 농촌 봉사활동을 갔던 때 빼고는 해본 적이 없었다. 더군다나 화초도 아니고 묘목을 심는 일은 상상조차 해본 적이 없다. 순간 '탁!' 하는 소리와 함께 시퍼런 무언가가 날아와서 내 발치에 놓였다.

"이게 뭡니까?"

"장화 아닌가."

"아니, 그게 저는……."

"지금 그 옷, 그 신발로는 농장 안을 다닐 수가 없어요. 날이 따뜻해지면 여기 뱀이나 들쥐들이 나오거든. 건들지만 않으면 물지는 않는데, 그래도 혹시 모르니까."

교수님은 내 반응이나 대답은 확인도 하지 않으신 채 먼저 장화로 갈아 신고는 작업에 나설 준비를 하셨다. 진심으로 나와 같이 마당에 가득 쌓인 묘목들을 심을 생각이신 듯했다. 그러고 보니 난 교수님을 뵈러 온다고 깔끔한 캐주얼 정장에 구두를 신고 있었다.

'난생 해본 적도 없는 나무 심기라니. 거기다 뱀과 들쥐까지 나온다니…….'

썩 내키지는 않았지만 교수님을 봐서라도 어쩔 수 없었다. 신고 온 구두를 벗고 장화로 갈아 신었다. 키만큼이나 발 또한 제법 큰 편이어서 이것저것 신어봤지만 이거다 싶게 내 발에 맞는 장화는 없었다. 별수 없이 그나마 신을 만한 장화를 골라 신고 이미 나무 심을 자리로 출발하신 교수님의 뒤를 따라 서둘러 달려갔다.

10분 뒤. 나는 800평 정도 되는 터에 교수님, 나이 드신 농장 관리사 분과 함께 땅을 파고, 묘목을 심고, 비료를 조금 두른 뒤 흙으로 덮고, 물 반 바가지를 뿌리는 작업을 하고 있었다. 간단한 일이었지만 제대로 하기란 쉽지 않았다. 심을 때는 바로 심은 것 같은데 심고 나서 보니 형편없이 기울어져 있는 묘목이 수두룩했고, 퇴비를 깔고 심는 것을 잊어서 다시 파내야 하는 경우도 비일비재했다. 땀이 비 오듯 쏟아졌지만 심어야 할 묘목의 숫자는 좀처럼 줄지 않았다.

그런데 교수님은 뭐가 그리 즐거우신지 싱글벙글 웃으시며 관리인 노인과 함께 땅을 파고, 퇴비를 깔고, 묘목을 심고, 흙으로 덮어 북돋워주고, 약간의 물을 뿌리는 작업을 거의 기계적으로 반복해서 신속하게 처리하고 계셨다.

'그렇게 저 일이 재미있으실까?'

겉으로 보기엔 분명 그랬다. 하지만 속마음도 그러실까? 나는 교수님은 어떤 생각으로 그 '일'을 하고 계신지 궁금했다. 그런 생각은 어느새 다음과 같은 생각까지 이르렀다.

우리는 왜 일을 하는가?

우리에게 일이란 무엇인가?

내게 필요한 일은 무엇일까?

내게 맞는 일은 무엇일까?

그런 일은 어떻게 찾을 수 있을까?

내가 계속 고민해오던, 심지어 꿈속에서마저 등장했던 주제 중 하나였다. 어떤 일을 접했을 때, 가슴이 쿵쾅쿵쾅 뛰면 그것이 내가 진정 원하는 일이고 좋아하는 일이라고 생각한 적이 있다. 하지만 아무래도 아닌 것 같다. 세상에는 내 가슴을 뛰게 하는 일들이 아주 많기 때문이다. 그렇기에 우리는 때로 착각에 빠져 잘못된 길을 가게 되는 것인지도 모른다.

컨설턴트인 나는 고객의 문제점을 접할 때 어떻게 이 문제를 풀어야 할까 호기심과 도전의식이 생기면서 가슴이 마구 뛴다.

그런데 비행기를 타고 온몸으로 중력을 느끼며 낯선 곳으로 여행을 떠날 때도, 잘 만들어진 영화를 완전히 몰입해서 볼 때도, 승부욕을 불태우는 높은 산에 오를 때도, 친구들과 카드놀이를 하며 머리싸움을 할 때도, 최첨단의 기술을 자랑하는 신제품을 접했을 때도 가슴이 뛴다. 그러니 여행가, 영화감독, 전문 산악인, 프로 겜블러, 발명가가 되어야 할까? 이건 다른 문제다. 그저 한순간에 느끼는 설렘과 두근거림은, 취미는 될 수 있겠지만 온전한 '내 일'은 될 수 없다.

그렇다면 어떤 일이 '내 일'일까?
그런 일은 어떻게 찾을 수 있을까?

그 순간 나는 오늘의 수업 주제를 찾았다는 생각이 들어 갑자기 기운이 솟았다. 힘을 내서 "아자아자!" 하는 소리까지 내며 땅을 파고 묘목을 심기 시작했다. 그런 나를 보고 교수님과 관리인 노인이 영문을 모르겠다는 표정으로 고개를 갸우뚱했다. 나는 아랑곳하지 않고 계속해서 '일'을 해나갔다.

밑바닥 다지기

그렇게 열심히 일하고 있는데 묘목업자가 묘목 값을 받으러

왔다. 반갑게 묘목업자를 맞이한 교수님은 장갑을 벗고 주머니에서 현금다발을 꺼내셨다. 묘목이 제법 많다 싶더니 지불할 묘목 값도 얼추 되는 모양이었다. 현금다발은 꽤나 두툼했다.

돈 세는 데 시간이 좀 걸리겠지 했는데, 이게 웬걸? 삽시간에 교수님은 정확한 액수를 세서 묘목업자에게 주었다. 돈을 세는 모습이 그야말로 은행창구 직원 같았다. 정확한 템포로 리드미컬하게 착착 세면서 동시에 뒤집어진 돈이나 조금 구겨진 돈을 바로잡기도 하셨다.

"왜? 놀랐어요? 내가 돈을 잘 세서?"

놀라서 물끄러미 바라보고 있는 나를 흘끔 보신 교수님은 예의 그 장난기 섞인 웃음을 지으며 물으셨다.

"네."

나는 사실대로 대답했다. 그러자 교수님은 남은 돈을 마저 세서 묘목업자에게 건네주며 말씀하셨다.

"내가 전직 은행원이잖아. 몰랐어?"

묘목 값을 지불하느라 작업의 흐름이 끊기기도 했고, 은행원이셨던 교수님의 과거 이야기도 들을 겸 우리 둘은 그대로 그 자리에 털썩 주저앉아 묘목업자가 사온 캔 음료를 앞에 두고 이야기를 계속했다.

"내 친구들 중에서 아무도 내가 대학 졸업하고 교수할 거라고 생각했던 사람은 없었어. 왜냐하면……."

교수님의 선친 곽동선 선생은 남방물산주식회사라는 무역회사를 창업해 운영하던 경영자셨다. 남방물산은 사업 기반이 열악했던 1960년대에 해외 수출에 힘써서 수출 기업 중 교역 규모가 10위 안에 들 정도로 큰 기업이었단다. 때문에 집안 어른들은 물론이고 교수님 주변 사람들까지도 모두 "수일이가 학교를 마치면 회사를 물려받아 사업을 크게 키울 거야"라는 기대를 했단다. 하지만 그런 주위의 기대와 예상과 달리 교수님은 대학을 졸업하자마자 은행에 취직하셨다.

"은행원 생활은 어떠셨습니까? 재미있으셨어요?"

"아니."

뜻밖의 대답이었다. 교수님 같은 성품이라면 "매사는 마음먹기 나름이야" 혹은 "난 은행원 일의 의미를 조금씩 깨닫고 재미를 들였지"와 같은 조금은 틀에 박혔지만 긍정적이고 교훈적인 대답을 들려주리라고 예상했기 때문이다.

"입행(入行)하고 3개월 내내 돈만 세었는데 무슨 재미가 있었겠어?"

교수님이 졸업한 1960년대에는 국내에 기업이라고 할 만한 곳이 얼마 없어서 직장이라고 해봐야 관공서, 학교 정도였다고 한다. 그런 상황에서 선망 받는 직장이 있었으니, 바로 은행이었다. 당시 은행은 서울대학교 상대 졸업생들이 갈 수 있는 최고의 직장으로 경쟁률이 상당히 높았다. 교수님은 지금은 외국계 은행으로 바뀐 제일은행에 입사했고, 말씀하신 것처럼 3개월 내내 돈을 세고 그날의 영업 내용과 맞는지 틀린지를 확인하는 일을 하셨단다.

"은행 창구 뒤편에 가면 골방이 있어요. 꼭 무슨 우리처럼 생겼는데, 거기 직원 셋이 들어가면 밖에서 탁, 하고 문을 닫아. 돈을 다 셀 때까지는 누구도 나오지도 들어가지도 못하는 거야. 거기서 셔츠 소매 지저분해지지 말라고 검은색 토시를 낀 채 돈을 세기 시작하는데, 한번 시작하면 얼마나 많이 세는지 나중에는 그 검은색 토시가 되려 허옇게 될 정도였다니까."

검은색 토시를 끼고 돈을 열심히 세고 있는 교수님이라…….
잘 상상이 되지 않았다.

"근데 그뿐만이 아니야. 신 대표, 돈 배달 해봤어요?"

교수님은 은행에 근무하면서 돈 배달까지 해보셨단다. 지금이야 전국의 은행은 물론, 전 세계의 어느 은행과도 전산망을 통해 아무리 큰돈이라도 주고받는 데 어려움이 없고, 불가피하게 현금을 직접 주고받아야 할 때에도 전문적인 운송업체가 있어 보안요원의 감시 하에 체계적이고 안전하게 현금을 운반할 수 있지만, 교수님이 근무하시던 1960년대 초반 우리나라 은행에 그런 시스템이 갖춰져 있을 리 만무했다.

당시 교수님은 제일은행 목포 지점에서 근무하셨는데 제주도에는 한국은행 지점이 없었단다. 그래서 제일은행 제주도 지점에서 현금이 필요할 때면 목포 지점에 연락하여 현금 공급을 받곤 했다. 제주도 지점에 돈이 모자라거나 아니면 반대로 제주도 지점 금고에 다 못 넣을 정도로 돈이 많으면 커다란 자루에 넣어서 배에 싣고 제주도와 목포를 왔다 갔다 해야 했다. 그것도 밤새도록. 이를 현금 수송이라고 하는데, 목포와 제주도가 가까워서 그렇게 한 것이라고 한다.

"정말 신기한 건 말이지, 돈을 배에 실을 때 세고 내려서 다시 세는데, 그게 틀려. 배에서 아무도 돈 자루를 건들지도 않았는데 세보면 틀린 거야. 귀신이 곡할 노릇인 거지."

교수님은 무척이나 오래전 일인데도 연도와 수치까지 모두 정확하게 기억하고 계셨다. 달리 '타고난 교수'란 소리를 듣는 게 아니셨다.

교수님의 행원 시절 이야기를 듣고 있자니 나의 사회 초년병 모습이 떠올랐다. 그때 나는 삼성전자 해외부서에서 기획 업무를 하고 있었다.

기획 업무. 말은 그럴듯하지만 이제 갓 입사한 신참에게는 주로 회의 준비 업무가 주어졌다. 이 회의 준비라는 것도 말은 간단해 보이지만 나 혼자 혹은 우리 부서만 열심히 잘한다고 해서 되는 일이 아니었다. 다른 여러 부서로부터 관련 자료를 받은 뒤 종합해서 회의 자료를 만들어야 했는데, 우리가 아무리 이리 뛰고 저리 뛰어봤자 다른 부서에서 정해진 시간 내에 자료를 주지 않으면 자료를 줄 때까지 마냥 기다리는 것 외에는 할 수 있는 일이 거의 없었다.

그렇다고 다른 부서 사람들 탓을 할 수도 없었다. 그들이라고 그러고 싶어서 그러겠는가. 그들 역시 각자 업무에 바쁜 나머지 우선적으로 처리할 일들을 마친 뒤에 회의 자료 작성을 시작하다 보니 늦는 것뿐이었다.

그러다 보니 회의가 있는 전날이면 나를 비롯한 우리 부서의 몇몇 사람들은 밤늦게 퇴근하거나, 심지어 밤을 샐 각오를 하고 출근하는 것이 아예 습관이 되어버렸다. 실제로 수원 본사에서 회의가 있기로 한 전날, 몇몇 부서가 자료를 늦게 보내오는 바람에 밤을 꼴딱 새워 회의 자료를 만들고 동이 터오는 것을 보면서 출력 및 복사를 해서 회의 시작 얼마 전에 겨우 수원 본사 회의실에 도착했던 적도 있다.

지금처럼 사무 자동화 기기가 보급되기 전이었던 그때, 나는 말 그대로 편집·복사·제본의 달인이었다. 그런데 이런 거의, 아니 전혀 쓸모없을 것 같은 기본적인 일을 말단직원으로서 해본 경험이 현재의 나를 이루는 데에 큰 밑거름이 되었다는 생각이 든다.

컨설턴트를 할 때도 마찬가지였다. 컨설팅을 할 때 꼭 해야 하지만 대부분의 사람들이 싫어하는 작업이 있다. 바로 엑셀을 활용한 모델링(modeling)이다. 모델링 작업은 시간이 많이 걸리고, 변경 사항이 생길 때마다 일일이 모델을 수정해줘야 하는 번거로움이 있다. 다른 사람들 일이 다 끝난 다음에 그 데이터를 가지고 최종 마무리를 해야 하기에 담당자는 퇴근이 늦을 수밖에 없는 힘든 일이다. 무엇보다 잘하면 본전이고 잘 못하면 문제가 생기는 일이라서 제대로 인정받지도 못한다. 가장 기본적인 일이면서 인정받기는 어려운 일. 은행에서는 돈 세는 일, 일반 기업에서는 회의록 작성이나 복사 같은 일이라고 할 수 있다.

하지만 나는 주니어 컨설턴트일 때 일부러 그 작업을 도맡아 해왔다. 이후 후배 신입 컨설턴트들이 들어올 때면 반드시 1년 정도는 엑셀을 활용한 모델링 작업을 해보라고 시켰다. 그래야만 어떠한 프로젝트라도 전체적인 모습이 한눈에 들어오고 결과에 영향을 미치는 각 요인들 간의 관계가 파악되기 때문이다. 이어진 교수님의 말씀도 그러했다.

"이봐, 신 대표. 내가 보니까 요즘 우리 학생들이 글로벌 컨설팅 회사나 투자은행으로 많이 가더라고."

"네. 저도 그런 케이스고, 제 동기들 중에도 투자은행 한국지사장을 하고 있는 친구도 있습니다. 후배들에게도 인기 있는 직종이라고 하더라고요."

"그러게. 근데 말이야, 얼마 전에 투자은행에 들어간 제자 몇 녀석이 나를 찾아왔어요. 투자은행이 월급 많이 준다고 해서 들어갔는데 못 다니겠습니다, 그러면서 말이지."

"무슨 문제가 있었답니까?"

"아 글쎄, 아마 자료조사차 그런 것 같은데, 하루 종일 신문 오리기만 시키는 게 불만이라는 거야."

"하긴 그럴 겁니다. 신입이 들어오면 그런 일부터 시키긴 하지요. 일단 일을 배워야 하니까요. 그래, 뭐라 말씀하셨습니까?"

"뭐라기는! 예끼, 이놈들아! 난 은행에 가서 3개월 동안 내내 돈만 셌다, 라고 혼구녕을 내줬지."

팔뚝에 낀 검은색 토시가 새하얘지도록 돈을 세는 행원 시절 교수님의 모습과 그런 교수님에게 혼이 나서 집으로 돌아갔을 후배들의 모습이 오버랩되면서 절로 웃음이 나왔다. 교수님의 말씀은 계속되었다.

"내 친구 하나도 호텔을 경영해요. 근데 그 친구는 자기 아버지가 시켜서 호텔 도어맨부터 시작했단 말이야. 내가 유통업체 임원인 친구도 하나 아는데, 그 친구는 치약박스를 창고에서 매장으로 나르는 일부터 했어요. 자기 일을 제대로 만들려면 밑바닥부터 배워야 해. 그래야 정말로 그 일이 내 일인지, 내가 하고 싶었던 일인지, 내가 잘할 수 있는 일인지 깨닫게 되지 않겠어? 호텔의 도어맨이나 유통업체에서 박스를 나르는 일이나 투자 컨설팅 회사에서 신문을 오리는 일이나 모두 그 업계의 저변을 가장 잘 들여다볼 수 있는 최고의 정보 수집 방법이에요. 그걸 제대로 해내야만 비로소 진짜 자기 일을 만들어갈 수가 있지."

일이란 무엇인가

이왕 말이 나온 김에 교수님과 일의 본질에 대해 좀 더 본격적으로 대화를 나눠보고 싶었다.

"그래서 말인데요, 교수님. 저는 요즘 출퇴근할 때 거리를 가득 오가는 수많은 직장인을 보며 이런 생각을 합니다. 도대체 우리에게 일, 그리고 직업이란 무엇일까, 무엇 때문에 이 많은 사람이 아침마다 저녁마다 우르르 몰려다닐까. 교수님은 어떻게 생각하십니까?"

"행복의 원천."

"네? 행복의 원천이요?"

"응. 행복의 원천. 내 이야기는 아니고, 중국 사람들이 하는 이야기인데, 그 사람들이 말하기를 행복한 사람은 첫째가 할 일이 있는 사람, 둘째가 사랑할 대상이 있는 사람, 셋째가 바라볼 희망이 있는 사람이라는 거예요. 그런데 일이라는 게 이 세 가지를 다 만족시키거든. 할 일이 있는 사람은 그 자체로 좋고, 좋아하는 일이 있는 사람은 그 일이 좋아하는 대상이고, 앞으로도 할 수 있는 일이 있다면 그게 희망이지 않겠어요? 그러니까 은퇴한 사람들이 아침에 일어나서 할 일이 없는 것을 불행하게 여기는 거지. 사람은, 아무리 사소한 것이라도 손에서 일을 놓으면 안 돼요. 그건 행복의 원천을 포기하는 일이거든."

교수님은 말씀을 하시는 와중에도 무언가 할 일을 찾아서 쉴 새 없이 몸을 움직이고 계셨다.

"그런 점에서 본다면, 이 나무를 심고 키우는 것만큼 행복한 삶에 좋은 것이 없어요. 사계절 내내 해야 할 일이 있지, 사랑할 상대가 되어주지, 게다가 올해 지나고 나면 내년에 또 다른 모습으로 부쩍 성장해 있으니 희망과 기대를 심어주잖아요. 그래서 서양 의사들 중 상당수가 캔서(Cancer, 암) 환자에게 꼭 나무를 심으라고 한다지 않아. 나는 쉰여덟부터 5~6년 있으면 학교에서 은퇴하는데 뭘 할까 생각을 했어요. 몇 살까지 살지는 모르지만 뭘 좀 해야 할 거다. 그래서 시작한 게 이 나무 심기야. 나무는 내가 심을 수 있으니까."

삶의 경험이 짙게 배어 있는 교수님의 말씀을 듣고 있자니 고개가 절로 끄덕여졌다. 하나하나 다 옳은 말씀이었다. 순간 30여 년 전으로 돌아가 혈기왕성하고 의욕 넘치는 짓궂은 문제아가 되고 싶었다.

"일이 행복의 원천이라는 교수님 말씀에는 저도 백분 공감합니다. 하지만 일이나 노동이 생계를 위해 반드시 필요한 금전적 문제를 해결해줄 거의 유일한 방편이라는 점을 고려하면 별수 없이 돈과 관련된 부분을 생각할 수밖에 없잖습니까? 그러다 보면 어쩔 수 없이 해야 하는 일이 생기기도 하고요."

"흠……. 우리 장인이 서우 최재희 선생이라고 유명한 철학자셨어."

"네, 알고 있습니다. 저 대학 다닐 때 그분의 저작인 『사상과 자유』, 『지성인의 철학』 같은 책들을 돌려보고 토론하는 모임도 있었습니다."

"그럴 거예요. 한국철학회 회장도 지내시고 저술 활동도 활발하게 하셨으니. 아마도 60~70년대에 철학을 공부했거나 그쪽에 관심 있었던 사람이라면 그분 강의나 책을 한 번쯤은 접해봤을 거야. 아무튼 우리 장인어른이 돌아가신 뒤에 그분의 학자로서의 공적을 기리고 학문적 성과를 계승하기 위해 그분의 호를 따서 '서우철학상'이 제정되었거든. 그때 말이야, 내가 서우철학상의 재무간사를 맡고 있었어. 그리고 서우철학상의 수상자로 선정된 J교수랑 식사를 하게 되었지. 그런데 식사를 하다 말고 J교수가 눈물을 뚝뚝 흘리는 거 아니겠어요? 자기 어머니가 생각나더라는 거야. 어머님이 살아 계실 때 밥은 굶지 않아야 할 것 아니냐면서 의대를 들어가라고 하시기에 그렇게 했는데, 2년 다니다 보니까 이게 아니다 싶은 거라. 집에는 말도 안 하고 의대를 자퇴하고 철학과로 재입학을 했는데, 나중에 그 소식을 들은 어머님이 밥은 어떻게 먹고 살려고 그러느냐며 땅을 치며 통곡을 했다는 거예요. 그런데 본인은 철학과에 들어와서 자기가 정말 좋아하는 공부를 하다 보니까 행복했고, 그럭저럭 먹고 살 만해졌고, 거기다 공적을 인정받아 이렇게 좋은 상까지 받게 되었으니 하늘에 계신 어머니가 이 모습을 보면 얼마나 좋아하셨겠냐는 거야."

"돈이라는 잣대로만 재지 않고 좋아하는 일을 택했더니 행복해졌고, 그러다 보니 돈도 성과도 얻게 되었다는 거군요."

"그렇지. 미국의 MBA 졸업생들을 보면 말이야, 우수한 학생일수록 직업을 선택할 때 연봉도 많이 따지지만 어느 분야에서 누구와 함께 일할 것이냐를 많이 따진다고 해요. 본인의 능력을 십분 발휘할 수 있는 일, 자신이 권한을 가지고 주도적으로 일할 수 있느냐가 연봉보다 우선이라는 거야. 나중에 보니까 그런 기준으로 직업을 선택한 친구들이 연봉만 보고 직장에 들어간 친구들보다 훨씬 더 많은 연봉을 받고 있더란 거지. 참 재미있지 않아?"

"그러게요. 시대가 변하면서 소위 돈을 잘 버는 직업도 변하고, 그 때문에 지금 돈을 잘 번다고 해서 준비했다가도 정작 그 일을 해서 돈 좀 벌려고 하면 생각만큼 돈을 못 버는 경우도 생기겠죠. 반대로 돈을 벌 것이라고는 전혀 생각 못했는데도 본의 아니게 대박을 터뜨릴 수도 있고요. 사람은 돈을 쫓아가려 하지만, 돈은 사람보다 더 빠른 것 같습니다. 하하."

교수님은 다시 채비를 갖추시고는 심어야 할 묘목들이 쌓여 있는 곳으로 걸음을 옮기셨다. 나 역시 농기구들을 챙겨 얼른 그 뒤를 따라붙었다. 그러고는 물었다.

"교수님, 전 학교를 졸업하고 대기업에 들어가 월급쟁이로 일을 시작했습니다. 그러다가 경영 컨설턴트가 되어 지금까지 일해오고 있고요. 그런데 저는 아직도 컨설턴트가 진정한 '내 일'

인지 잘 모르겠습니다. 경영학과로 진로를 정하면서 컨설턴트에 대한 꿈이 있기는 했고, 이 일을 하면서 결과물을 클라이언트에게 발표할 때는 진짜 성취감과 카타르시스를 느끼거든요. 제 제안이 실행되어서 좋은 결과가 나왔다는 이야기를 들으면 정말 컨설턴트로서 보람도 느끼고요. 그런데 저는 여전히 이게 진정으로 내가 원하던 일이 맞나, 더 원했던 일이나 더 잘할 수 있는 일은 없었나 싶어요. 뭐 가지 않은 길에 대한 미련과 못다 채운 것에 대한 아쉬움이 남아 있는 거겠죠. 교수님, 내가 정말로 원하는 일, 내게 정말로 잘 맞는 일, 그래서 내가 행복해지는 일을 어떻게 하면 찾을 수 있겠습니까?"

진정한 내 일을 만나는 법

교수님은 작업하던 곳으로 돌아와 심다가 만 묘목들을 마저 심으시며 말씀을 이으셨다.

"내가 몇 살에 서울대학교 교수로 임용되었는지 알아요?"

"글쎄요, 20대 후반이라고 그러지 않으셨습니까?"

"정확히는 만 스물다섯에 서울대학교 상과대학 전임강사가 되었지. 당시 상대 학장이던 최문환 교수님의 추천이 있었어요."

“저희로 따지면 이제 막 군대 제대하고 3학년에 복학했을 나이인데, 참 대단하십니다. 부모님께서 무척 좋아하셨겠어요.”

“그렇지도 않아요. 어머니는 좋아하셨는데, 아버지는 불같이 화를 내시더라고. 장남이 사업을 물려받아야지, 하고 말이지. 뭐 어떻게 어떻게 해서 어렵게 아버지를 설득하고 교수 생활을 시작했어. 그런데 좀 걱정이 되더란 말이야.”

“네? 무슨……?”

그때까지 몰랐는데, 교수님은 사실 남들 앞에서 심하게 수줍음을 타는 성격이시라고 한다. 그간의 교수님의 모습을 생각하면 언뜻 상상이 되지 않았다. 내가 학교 다니던 시절에 강단 위에 서 계셨던 교수님의 모습과 방송 인터뷰 및 라디오 프로그램 진행을 하시던 교수님의 모습, 지금 내 앞에서 막힘없는 답변을 해주시는 교수님의 모습을 보면 더욱 그랬다. 이러한 교수님도 젊은 시절에는 남 앞에 나서는 것이 꺼려지고, 한번 말을 꺼내려면 몇 번을 망설이셨다고 한다.

“그런데 정작 강단에 서고 보니까, 방언 터지듯 술술 머릿속 말들이 터져 나오더라고.”

문득 30여 년 전 강의시간이 떠올랐다. 그러고 보니 교수님께서는 다른 교수님들과는 조금 달랐던 것 같기도 하다. 교과서나 노트를 펼쳐놓고 거의 그대로 읽기만 하던 다른 교수님들과는 달리 단상을 완벽하게 장악하며, 마치 정치 지도자가 웅변을 하듯 열정적으로 가르침을 주셨다. 당시 막 수입되어 방영되기 시작한 미국 드라마 속에서 잠깐 잠깐 보았던 외국의 교수와도 같았다.

"일단 시도해봐야지요. 그렇지 않으면 그 일이 자신에게 맞는지 아닌지 알 수가 없어. 일이라는 것이 밖에서 볼 때랑 그 안에 직접 뛰어들어서 실제로 해볼 때랑 천지 차이거든."

나는 까먹을세라 얼른 눈앞에 보이는 종묘 봉투에 교수님의 말씀을 볼펜으로 꾹꾹 받아 적었다. 그러면서 물었다.

"그 다음에는요?"

"그 다음? 당연히 꾸준하게 해보는 거지요. 일단 시도했으면 꾸준하게 해보는 거야!"

그 말씀을 듣는 순간, 얼마 전 책에서 읽었던 '1만 시간의 법칙'이 떠올랐다. 캐나다 맥길 대학교(McGill University)의 신경과학자인 다니엘 레비틴(Daniel J. Lavitin) 교수가 어떠한 분야에서 일가(一家)를 이룬 사람들을 대상으로 공통점을 조사했더니, 약 1만 시간 동안 꾸준한 연습과 노력을 했기 때문이라는 결과가 나왔다. '1만 시간의 법칙'은 이러한 조사 결과를 바탕으로 만들어낸 학설로, 어떠한 분야에서 최고가 되려면 1만 시간이 필요하다는 것이다. 유명 작가인 말콤 글래드웰(Malcolm Gladwell)의 『아웃라이어(Outliers)』를 통해 더 널리 알려졌는데, 교수님 역시 구체적인 시간을 이야기하지 않으셨을 뿐 비슷한 맥락의 말씀을 하고 계셨다.

"이를테면, 최근 많이 언급되고 있는 1만 시간의 법칙과 같은 거네요? 직장에서 보통 하루 8시간씩 일하니까, 1년 365일 중에 기타 공휴일 빼고 250일이라고 치면 1250일, 약 5년 정도 되겠군요. 그 정도 일하면 그것이 진정 자기 일인지 아닌지 알 수 있다는 말씀이시죠?"

"허허. 셈이 빠르구먼! 뭐 굳이 1만 시간이 아니더라도 괜찮아. 어떠한 일을 꾸준히 오랫동안 하다 보면 그 일에 내 신경을 온전히 집중시킬 수 있는지, 그 일이 정말 재미있고 진정으로 원하는 일이라서 오랜 시간 집중하고 있어도 피곤하지 않고 흥미가 사라지지 않는지를 알 수가 있어요. 내가 진정 원하는 일을 다른 사람은 몰라. 본인도 뒤늦게 깨닫고 놀라는 경우도 있잖아? 대신…… 그 1만 시간이 그냥 설렁설렁 보내버린 1만 시간이어서는 안 되지. 일의 본질에 자신의 모든 것을 걸고 집중한 1만 시간이어야 되지. 최근 보니까 젊은 친구들이 어떤 일을 할 것인지, 어떤 직장에 들어갈 것인지를 두고 고민을 많이 하는 것 같아. 그런데 그렇게 해서 선택한 일은 절대로 오래갈 수가 없어요. 일의 본질에 집중해야지. 직장인(職場人)이 되지 말고 직업인(職業人)이 되어야 해. 연봉을 쫓아서, 보너스를 쫓아서는 내 일을 찾을 수가 없어. 그렇게 해서는 절대로 내 일을 찾을 수도 없고, 내가 원하는 돈을 벌 수도 없고, 내가 바라는 수준의 성공을 할 수도 없어요. 확고한 내 일을 기반으로 두고 돈이 나를 쫓아오고, 성공이 나를 찾아오게 만들어야지."

나는 계속 종묘 봉투에 적어 내려갔다.

일단 시도해볼 것.
일단 시도해봤으면 꾸준하게 해볼 것.
일의 본질에 집중할 것.

수업 첫날이라 인사나 나누고 가볍게 시작하려고 했는데, 벌써 몇 시간째 심오한 수업이 이어지고 있었다. 인부들의 무단결근으로 촉발된 고된 작업이 '일에 대한 본질적인 고민'의 시간을 가져다준 셈이다. 살다 보면 생각과는 다른 일들이 많이 벌어지고, 그 속에서 뜻하지 않은 즐거움과 깨달음을 맞닥뜨릴 때가 있다. 오늘도 그런 경우였다. 역시 모든 일에는 다 그럴 만한 가치와 뜻이 숨어 있다.

기분이 상쾌해지며 뿌듯함과 설렘마저 느껴졌다. 마치 대학 신입생 시절로 돌아가 첫 수업을 들은 것만 같았다. 하지만 교수님은 이렇게 감상에 젖어 있는 나는 안중에도 없는 듯이 뉘엿뉘엿 지는 해를 보며 심다가 만 묘목들을 들고 이리저리 분주하게 뛰기 시작하셨다.

"아이고야, 이거 잡담 나누던 사이에 해가 다 지게 생겼네. 신 대표, 우리 저거 다 못 심으면 오늘 집에 못 가요. 얼른 서두르자고!"

"아, 예!"

나는 얼른 교수님의 메시지를 적은 종묘 봉투를 고이 접어 바지 주머니에 집어넣고 남은 묘목과 작업 도구를 들고 교수님 뒤를 따랐다. 성공적인 첫 수업을 축하라도 하듯이 서쪽 하늘로 축포보다도 붉고 화려한 노을이 짙게 퍼지고 있었다.

| 두 번째 수업 |

진정한 성공이란 무엇인가

→·✦·←

좋은 차 타고 다니십니다

교수님께서는 그저 시간 날 때 나무 구경이나 하러 오라고 하셨지만, 나는 내심 교수님과의 첫 수업이 매우 유익했던지라 다음 수업이 무척이나 기다려졌다. 그렇게 설레는 마음으로 몇 주를 보내고 두 번째 나무요일이 다가왔다.

사무실에 나와 몇 가지 중요한 업무만 서둘러 처리하고 한 시간 반가량을 달려서 교수님의 나무농장에 도착했다. 처음 농장에 왔을 때는 경황이 없어서 몰랐는데, 이번에 보니까 농장 입구에 어른 세 사람이 웅크리고 앉아 있는 크기의 바위가 하나 있었고 그 바위에 농장 이름이 새겨져 있었다.

일규(一圭) 농장

아마도 교수님이나 교수님 선친의 호가 아닐까? 혹은 자제분이나 손주의 이름을 따서 지은 것일 수도 있겠다. 그 바위 이정표를 지나 차를 조금 더 몰고 들어가니 집 앞 잔디밭에 교수님이 밝게 웃으며 서 계셨다.

"신 대표, 좋은 차 타고 다니는구먼."

차에서 내리는 나를 반기며 교수님이 말씀하셨다. 내가 타고 간 차는 유럽산 SUV였다. 이전 직장을 그만두고 차 없이 다니는 것을 즐기다가 불편한 일이 잦아지자 장만한 차였다. 남들처럼 승용차를 살까 싶었지만, 등산이나 여행을 좋아하는 터라 큰맘 먹고 SUV를 질렀다. 교수님께서는 아마도 내가 SUV를 세컨드 카로 몰고 다닌다고 생각하신 것 같았다. 왠지 송구스러운 기분이 들어서 "그냥 가족끼리 타고 다니기에 편해서"라고 변명을 할까 싶었는데, 괜한 생각이었다.

"얼마 전에 내가 퇴비를 가져다가 흙과 섞어서 농장 여기저기 뿌려놨거든. 그리고 이 농장이 말이야, 원래는 돼지농장이었어. 그래서 돼지를 키우면서 나오는 분뇨를 퇴비 삼아 곳곳에 뿌려 놓았다고 하더라고. 보기엔 땅이 단단해 보여도 자칫하다간 자동차 바퀴가 빠져서 낭패를 볼 수가 있어요. 이런 땅에는 신 대표 차 같은 사륜구동이 제격이지. 오늘 참 좋은 차 타고 왔어요. 하하!"

교수님은 이렇게 말씀하시고 금세 어디론가 사라지셨다. 그러고는 곧 장화 한 켤레와 덧옷 한 벌을 가져오셨다.

"자, 자네 발에도 사륜구동을 달아야겠지?"

지난번에 와서 장화를 신었을 때는 조금 작은 걸 신어서 그랬는지 몰라도 뭔가 불편하고 어색했는데, 오늘은 신어보니 아무것도 아닌 장화 한 짝이 묘한 자신감을 심어주었다. 어떤 험한 땅이라도 편하게 다닐 수 있을 것 같은 기분이었다.

지난번처럼 우리는 농장 곳곳을 돌아다니며 손봐야 할 것들을 손보고, 보살펴야 할 것들을 보살피고, 새롭게 심어야 할 것들을 심었다. 저번에 대량으로 묘목을 심을 때처럼 많은 노동이 필요한 큰 일거리는 아니었지만, 나무농장의 일은 끝날 기미가 보이지 않았다.

한참 작업을 하던 중, 웃자란 나뭇가지들을 잘라내는 전지(剪枝) 작업을 하고 있을 때였다. 내가 키가 좀 큰 덕분에 교수님은 사다리를 이용해도 닿지 않았던 나무 윗부분을 잘라내기가 수월했다. 그때였다.

"성공! 잘했어!"

발밑에서 사다리가 흔들리지 않게 잡고 계시던 교수님의 환호에 하마터면 나는 발을 헛디뎌 떨어질 뻔했다. 그 정도로 교수님은 웃자란 나뭇가지를 잘 쳐낸 것에 대해 기뻐하셨다. 왠지 겸연쩍었다.

"하하, 교수님. 이 정도를 가지고서요."

"그래? 그래도 이게 얼마나 대단한 일인데. 잘했어. 성공이야!"

그 말에 이번에는 진짜 발을 헛디뎌 사다리에서 떨어지듯 내려와 버렸다. 최근 내 머릿속에 맴돌았던 두 번째 화두이자, 아까 차에서 내리면서 떠올리게 된 단어를 교수님의 입을 통해 또 한 번 들었기 때문이다. 바로 '성공'. 성공의 개념에 대한 본질적인 질문과 그것을 내 삶 안에 들이기 위한 보다 실질적인 질문들이 내 머릿속을 가득 채우고 있었다.

무엇이 성공한 삶일까?
우리가 추구해야 할 성공은 어떤 것일까?

그런데 마침 교수님의 입에서 '성공'이라는 단어가 거푸 나오자 나도 모르게 조금 흥분되었다. 차라리 잘 되었다는 생각이 들었다.

"신 대표, 괜찮아요?"

갑자기 사다리에서 떨어지듯 내려와 휘청거리는 나를 보고 교수님이 물었다. 나는 대답하는 대신 강의 요청을 드렸다.

"교수님, 오늘 수업 주제는 그걸로 하시지요. 안 그래도 성공에 대한 강의를 해주시면 좋겠다는 생각을 하면서 온 참이거든요."

성공을 위한 세 개의 계단

우리는 나무농장은 물론 주변 마을까지 한눈에 내려다보이는 언덕 위로 향했다. 햇살이 조금 따가웠지만 나무가 많아서 그런지, 그늘에 앉아 있으니 덥지도 춥지도 않은 것이 딱 좋았다. 교수님은 베어버린 나무 등걸 몇 개가 모여 있는 곳을 가리키며 여기서 잠깐 쉬면서 얘기나 하다 가자고 하셨다. 제법 큰 나무를 베었는지 엉덩이를 붙이고 편하게 앉을 정도로 넓었다. 눈 아래로 보이는 마을은 여기저기 땅을 갈아엎고 파종을 하느라 분주해 보였다.

"여기 마을사람들인가 봐요?"

유독 부산스럽게 왔다 갔다 하면서 밭에 씨앗을 뿌리는 무리를 보며 내가 물었다.

"귀농한 사람들이야. 얼마 전까지 서울에서 살았다고 하더라고."

고개를 저으며 교수님이 답하셨다. 어쩐지 일을 하는 폼이 영 어설퍼 보이더라니. 그쪽을 잠시 물끄러미 바라보다가 나는 교수님께 물었다.

"그런데 교수님, 성공한 삶이란 무엇일까요?"

"내 주변에 변화를 일으키는 삶이지."

교수님의 답변은 막힘이 없었다. 질문이 끝남과 동시에 답변이 바로 이어졌다. 1초도 걸리지 않았다.

"그런데 그 전에 먼저 말이야……. 우선 자기 삶의 허상을 제거하고 자신만의 삶의 목표를 향해 달려가는 것이 필요해요. 변화를 일으키는 것은 마지막 단계고."

역시나 쉽지 않았다. 지난번처럼 종묘 봉투에 메모하는 일이 없도록 이번에는 아예 작은 메모지와 볼펜을 바지 주머니에 챙겨 왔는데, 서둘러 꺼내서 말씀을 받아 적을 준비를 했다.

"삶의 허상을 제거한다…… 무슨 뜻입니까?"

"아, 그거 내 친구가 해준 말인데, 신 대표, 서울대 가고 하버드 가고 무지하게 바쁘게 살았지요? 그런데 그 바쁜 삶이 알고 보면 다 허상이야. 우리 친구 중에 김치수라고 유명한 평론가가 있어요. 이화여대 불문과 교수도 지냈는데, 그 친구가 『삶의 허상과 소설의 진실』이란 책을 썼어. 2000년엔가 나왔는데, 그때 내가 무지하게 바빴거든. 방송도 나가고, 칼럼도 쓰고, 경영학 교과서도 집필하고, 학생들 가르치고, 분초를 나눠가며 일할 때였어. 그때 그 친구가 점심 먹으러 나오라고 해서 어렵게 나갔는데, 이 친구가 그 책을 주면서 당신 바쁘게 사는 거, 다 허상이야 하더란 말이야. 진실은 소설 속에 있고 바쁜 삶은 허상이라고. 그래서 내가 그랬어요. 아무리 문학하는 사람이어도 그렇지, 삶이 허상이라면서 나름 열심히 사는 사람을 이렇게 무시하는 법이 어디 있냐, 하고 말이지. 하하. 근데 요새 뭘 느끼는지 알아요? 그 삶이 허상이라는 걸 느끼지."

"네? 충격적인 말씀인데요."

"신 대표, 아직도 바쁘게 살지요?"

"네, 그렇죠."

"그러니까 그 친구 말은 이런 거야. 너 만날 약속 수첩 들여다

본다고, 근데 그건 네 인생이 아니라 '수첩의 인생'이라고. 약속에만 묶여가지고 뭐 생각할 시간도 없이 네 주변은 돌아보지도 않으면서 바쁘기만 하면 뭘 하냐는 거지. 지금 생각하면 그 친구 말이 옳아요. 그렇다고 해서 일하지 말라는 건 아니고. 나긋나긋하게 편하게 살면 인생의 발전이 없거든. 여하튼 우리가 성공했다고 떠올리는 모습들의 상당수가 우리 삶의 본질적인 부분의 긍정적인 변화와는 전혀 상관없는 것들인 경우가 많지 않아요? 소유하고 있는 수많은 물건들, 그것들이 상징하는 부유한 이미지, 바쁜 삶, 그런 삶을 보여주는 수많은 상징들. 그런 것들이 실제로는 허상인 경우가 대부분이야. 그런 허상들에 눈이 가려져 있으면 삶의 실상이 잘 보이지 않게 되고, 그래서는 진정한 성공을 할 수가 없어요. 진정한 성공이 뭔지 스스로조차 헛갈리지 않겠어요?"

순간 내가 타고 온 차, 차고 있는 시계, 입고 있는 옷, 업그레이드된 항공권 등을 보며 부러워하던 주변 사람들이 떠올랐다.

'그 사람들은 내 삶의 본질적인 부분에서 성공을 본 것일까? 아니면 성공했다는 이미지가 가져온 허상만 본 것일까?'

단정하기는 어려웠다. 그저 막연히 후자일 거라는 생각만 들었다.

"그 부분에 대해서는 나중에 더 이야기할 기회가 있을 거고, 삶의 실상과 허상을 분리했으면 그 다음으로 자신만의 삶의 목표를 세우고 달려나가야지. 저기 저 사람들 한번 봐요."

교수님은 아까 그 서울에서 귀농한 이들을 가리켰다. 그들은 비닐로 땅을 덮고 구멍을 내서 씨앗을 심는 작업을 하느라 분주했다.

"서울에서 큰 사업을 하다가 다 정리하고 내려왔다는데, 아직 일은 서툴러도 농사일을 참 재미있게 해. 취미에 맞나 봐."

교수님 말씀대로 일하는 폼은 영 어설펐지만 얼굴에는 웃음꽃이 가득했다.

"직원이 수백 명 있는 회사의 대표였으니 얼마나 대접을 잘 받고 지냈겠어. 그런 사람이 지금은 작업복 입고 땀 흘려 땅을 파고 서서 밥을 먹는 생활을 하고 있는데, 그렇다고 해서 저 사람이 실패했다고 말할 수 있겠어? 난 아니라고 봐요. 저렇게 사는 것이 저 사람의 목표고, 그 목표를 향해 열심히 뛰고 있으니까 말이야. 성공한 사람이라고 봐야겠지. 저 사람뿐 아니야. 내가 아는 사람 중에 공인회계사가 있어요. 오랫동안 그 일 하다가 몇 년 전에 부인과 함께 짐 싸서 지리산으로 들어가서 특수작물 재배하면서 닭도 키우며 살아. 그 사람도 성공한 인생이야. 자신이 세운 목표를 향해 적극적으로 삶을 개척해나가고 있으니까 말이지."

나도 그렇다고 생각했다. 하지만 다른 사람들도 교수님 말씀에 마냥 고개를 끄덕이며 수긍할까? 순간 처음으로 나와 같은 시대를 사는 이들에게 도움이 될 수 있도록 수업 내용을 책으로 정리해보기로 한 목표가 떠올랐다. 그렇다면 그 목표에 알맞게 이해를 도울 만한 이야기가 더 필요했다. 그런 만큼 교수님의 말씀에 동의하면서도 나는 반대의 입장에서도 질문할 필요가 있었다.

삶에 대한 나만의 기준은 무엇인가

"그런데 말이죠, 교수님. 삶의 허상을 제거한다든지, 내 삶의 목표를 향해 달려간다든지 하는 것을 우리나라 현실에서는 실천하기가 어렵지 않을까 싶습니다."

"왜 그렇게 생각해요?"

"우리나라가 땅덩어리가 작아서 그런지, 단일민족이라는 동질성을 너무 오래 강조해온 탓인지 다른 사람의 시선과 평가에 지나치게 민감한 것 같거든요."

"하긴 그렇지."

"게다가 주입식 교육까지 한몫해서, 내가 바라는 삶보다는 다수가 제시하는, 혹은 다른 사람들이 좋아할 것 같은 삶, 나만의 기준을 가지고 사는 삶이 아니라 끊임없이 다른 사람과 비교하고 다른 사람을 의식하며 사는 삶이 많은 것 같습니다."

내 말에 교수님은 아무런 말씀도 없이 그저 빙긋이 웃으셨다.

나 역시 다른 사람과 비교하지 않고 나만의 중심을 가지고 살기 위해 나름대로 노력해 왔지만, 가끔 나보다 물질적으로 성공한 친구나 주변 사람들을 보면 조금씩 흔들렸던 것도 사실이다. 하지만 최근 들어 교수님과 시간을 보내고 다양한 이야기를 나누면서, 나의 삶과 성공을 다른 사람과 비교한다는 것 자체가 정말로 말도 안 되는 한심한 일임을 다시 한 번 깨닫게 되었다.

먼저, 비교의 기준이 되는 '다수'라는 것이 실체가 없는 경우가 많다. 내가 매번 어떠한 선택을 하고, 어떤 삶을 살기로 결정할 때마다 그 기준으로 삼는 '다수' 또는 '다른 사람들'이 과연 실체가 있는 집단일까? 그 '다수'들은 정말 자기 인생에 확신을 가지고 흔들림 없는 행복한 삶을 살아가고 있을까? 어쩌면 우리는 자기 인생에 대한 확신이 없어 다른 사람의 눈치를 보며 사는 사람들이 모인 '허상의 다수', 그들이 제시하는 삶을 쫓아가고 있는지도 모른다. 내 인생을 나 아닌 모호한 다수의 결정에 맡길 수는 없는 노릇이다.

둘째, 다른 사람과 비교하며 산다는 것 자체가 실제로는 불가능하다. 우리 삶에 있어 '죽음'이란 종착역이 있다는 것은 누구나 똑같다. 하지만 그 종착역에 다다르는 '인생이라는 열차'의 노선, 속도, 정차역 등은 모두가 다르다. 그 열차 노선은 인구수만큼 많다. 70억 개의 다른 길이 있는 것이다. 누군가가 선택한 그 길은, 그 사람이 인생의 결정적인 순간에 어떤 점을 고려하고 어떤 요소에 가중치를 두었는지가 복합적으로 반영되어 탄생한 결과물이다. 그 수많은 요소를 모르는 상태에서 그 사람이 간 길만을 피상적으로 바라보고, 제대로 알지도 못한 채 스스로에 대한 확신도 없이 따라가는 것만큼 어리석은 짓이 또 어디 있겠는가?

셋째, 다른 사람을 의식하며 사는 삶은 쉽게 지쳐버릴 수밖에 없다. 어린 시절 나는 등산을 제법 좋아했다. 부모님과 함께 산에 오르며 이런저런 이야기를 나누고, 준비해간 음식을 나눠먹은 뒤에 계곡 주변의 너른 바위에 드러누워 흐르는 물소리와 바스락거리는 낙엽소리를 자장가 삼아 한숨 푹 자고 내려오던 일은 어린 시절의 즐거웠던 추억 중 하나다. 하지만 나이가 들고 사회생활이 바쁘다는 핑계로 한동안 산을 거의 찾지 않았다. 그러던 중 등산 애호가 친구 하나가 같이 산에 가자고 했다.

친구는 나름대로 나를 배려해서 속도를 조절했겠지만, 등산로에 대한 정보나 별다른 준비 없이 그저 친구의 속도에 맞춰 산길을 따라 오르던 나는 얼마 못 가 호흡이 차고 현기증이 나서 그대로 주저앉고 말았다. 약해질 대로 약해진 내 체력에 충격을 먹고 이후 운동 삼아 열심히 등산을 하게 되었는데, 그러다 보니 알게 되었다. 그때 친구와의 산행에서 내가 왜 그리 쉽게 주저앉았는지를. 나는 그때 내 길을 가지 않고 친구의 길을 따라갔던 것이다.

내가 무엇을 할 것인가를 결정할 때뿐 아니라, 얼마나 빨리 갈 것인가를 결정할 때도, 다른 사람에게 맞추는 것이 아닌 나 자신의 페이스를 찾아 그에 맞게 가야 한다. 다른 사람의 페이스를 쫓아가다 보면 결국 허덕대다가 낙오하게 되지만, 나의 페이스대로 묵묵히 가다 보면 두 팔 벌려 나를 맞아주는 정상을 만나게 될 것이다.

마지막으로, 다른 사람과 비교하는 삶은 영원히 행복할 수 없다. 특히 우리는 경제적인 면을 비교하는 경우가 많다. 누가 어떤 집에 사는지, 어떤 차를 모는지, 어떤 브랜드의 옷을 입고 가방을 들고 다니는지 등. 이런 것들에 신경 쓰다 보면 내가 가진 것들은 한없이 초라해 보이게 마련이다. 왜냐하면 이 세상에서 최고로 비싼 '그것'을 가지기 전에는 끊임없이 비교 대상을 바꿔가며 타인의 삶에 나를 맞추려고 할 것이기 때문이다. 내가 어떤 것을 가지려고 하는 본질적 목적과 그것이 나에게 가져다주는 본질적 효용을 '나만의 관점'에서 바라보지 않으면, 어떤 물건을 가지게 되더라도 우리의 불행함은 정해져 있는 것이라고 봐야 한다.

교수님과의 대화 덕분에 생각이 많이 정리가 되었다. 교수님께 정리한 의견을 말씀드렸더니 "딩동댕! 오늘 수업 끝. 역시 내 수업에서 A학점 받은 사람다워!"라고 외치시며 집 안으로 들어가 버리셨다. 나 역시 출발하기 전에 손을 씻기 위해 교수님의 뒤를 따라 집으로 들어갔다.

교수님이 먼저 화장실로 들어가신 사이, 나는 잠시 거실에 서서 책장 위에 진열된 장식품들을 구경했다. 유학 시절이나 해외 여행 때 찍으신 걸로 보이는 가족사진이 제일 먼저 눈에 들어왔다. 그 옆에 손때가 묻은 오래된 주판 하나가 보였다. 은행원으로 일했던 경험이 있으시니만큼 그때 사용하셨던 것인지도 모르겠다는 생각이 들었다. 주판 옆에는 묘한 기념품이 하나 있었다. 처음 보는 것이었지만 정면에 큼지막하게 새겨져 있는 로고가 무척이나 눈에 익었다.

'스타워즈!'

신기하게도 마침 손을 씻고 나오시던 교수님께서도 동시에 말씀하셨다.

"스타워즈."

그랬다. 기념품에 새겨져 있는 로고는 어린 시절 우리를 할리우드 영화에 대한 환상에 빠뜨린 영화 〈스타워즈〉에서 나왔던 이름인 '루카스(Lucas)'였다. 〈스타워즈〉의 감독이자 1971년 루카스필름(Lucas film)을 세워 세계 최고의 SF 영화제작사를 차리기도 했던 바로 그 사람. 비록 더 이상 대형 SF 영화를 만들 계획이 없다며 2012년에 루카스필름을 월트디즈니 사에 넘겼지만, 그는 여전히 영향력 있는 영화계 인물이다.

"우리 조카가 가져온 건데, 그 녀석이 공부를 아주 잘했어요.

그래서 다들 예일 아니면 하버드를 갈 거라고 했거든. 근데 그 녀석이 프린스턴을 갔어. 뭐 그래도 졸업하면 미국의 유수기업이나 한국의 대기업에 취직하겠거니 생각했는데, 영화 관련 일을 하겠다는 거야. 그러더니 조지 루카스가 만든 회사에 들어갔어요. 지금은 미국뿐 아니라 세계에서도 유명한 영화계 인사가 되어버렸어. 사람의 길이란 게 그래요."

나는 교수님의 조카가 보냈다는 루카스필름의 기념품을 만지작거리며 생각에 잠겼다.

'남과 비교하고 남의 눈만 바라봐서는 내 삶의 원칙이나 중심, 철학을 제대로 세울 수 없다.'

오늘 교수님께서 하신 말씀을 손 안에 든 이 기념품에서도 그대로 다시 느낄 수 있었다.

화장실에 들렀다 나오니 교수님께서는 몇 가지 뒷정리를 하시느라 분주했다. 교수님이 정리를 마치시길 기다리며 아까 구경하던 책장을 다시 살피는데 눈에 들어오는 책이 한 권 있었다. 교수님의 책장은 주로 영어 원서나 전문서적이 빼곡했는데, 그 책만큼은 아니어서 눈에 띄었다. 『내가 원하는 삶을 살았더라면』이란 의미심장한 책 제목에도 마음이 동했다. 아마 누군가로부터 선물을 받으셨거나 자녀분들이 두고 간 책 같았다.

책장에서 책을 뽑아 살펴봤다. 12주 이내의 시한부 인생을 선고받은 말기 중환자들이 편안하게 여생을 마칠 수 있도록 돌봐주는 호주의 한 호스피스 병동. 그곳에서 일하는 브로니 웨어라는 간호사가 삶을 마감하는 수많은 사람과 마지막을 함께하며 보고 듣고 느낀 것들을 정리한 책이었다. 저자의 이력에 흥미를 느껴 몇 장 넘겨보니 몇몇 목차가 눈에 띄었다.

다른 사람이 아닌 내가 원하는 삶을 살았더라면
내가 그렇게 열심히 일하지 않았더라면
내 감정을 표현할 용기가 있었더라면
친구들과 계속 연락하고 지냈더라면
나 자신에게 더 많은 행복을 허락했더라면

마치 누군가 오늘 나와 교수님의 대화를 듣고 미리 요약해놓은 듯했다. 다시 한 번 나직하게 소리 내어 읽어보았다. '남과 비교하지 않는 나의 삶'에 대한 소중함이 새록새록 가슴에 사무쳤다. 내가 선택한 현재에 불행을 느낀다면, 그것은 나 자신을 속이는 일이다. 선택했다면 행복해야 한다. 행복하지 않다면 선택을 바꾸는 것이 맞다는 생각이 들었다.

교수님을 모시고 집 밖으로 나오니 이미 어둠이 짙게 내려앉아서 사방을 분간하기가 어려울 정도였다. 아마 성공적인 삶의 마지막 단계인 '변화'에 대해서는 다음 수업에서 들어야 할 것 같았다.

집으로 가기 위해 밖으로 나서다가 달빛을 받아 어두운 가운데에서도 윤곽이 뚜렷한 바위 이정표를 보게 되었다. 낮에 잠깐 들었던 호기심이 다시 일어 교수님께 물었다.

"참, 교수님. 아까 농장 이름을 봤는데요, 무슨 뜻이 담긴 건가요?"

그 말에 교수님은 빙그레 웃으시며 도리어 물으셨다.

"신 대표 생각에는 무슨 뜻일 것 같아요?"

"글쎄요, 교수님의 아호(雅號)이거나 지인 분께서 지어주신 이름이 아닐까 싶은데요."

그와 동시에 거창한 뜻을 담아 농장 이름을 지어줄 만한 교수님의 유명 지인들 몇몇이 떠올랐다. 대학 총장, 국문과 교수, 유명 기업인, 문화·예술계의 거장들……. 하지만 내 예상은 빗나가고 말았다. 교수님은 씩 웃으시며 말씀하셨다.

"내 이름 끝 자인 일(一) 자랑 애들 엄마 이름 끝 자인 규(圭)자를 따서 지은 거야. 나와 애들 엄마가 어렵게 마련한 나무농장인데 이 이름만큼 알맞고 근사한 이름이 어디 있겠어."

역시 교수님다웠다. 잔뜩 힘이 들어간 작명 유래를 상상했던 나는 그저 크게 웃을 수밖에 없었다. 삶의 실상과 허상에 관한 이야기를 떠올리면서.

| 세 번째 수업 |

변화, 그리고 리더란 무엇인가

→·✦·←

나무도 움직인다

"어? 와, 뭐가 이렇게 변했습니까!"

차에서 내리자마자 나는 탄성을 질렀다. 몇 주 만에 다시 찾은 농장은 몰라보게 달라져 있었다. 그렇다고 그 사이에 대대적으로 나무를 심었다거나 대공사를 한 것은 아닌 듯했다. 그럼에도 차를 몰고 농장 입구에 들어서기가 무섭게 지난번과는 확 달라진 모습들이 눈에 들어왔다.

"이게 나무고, 이게 풀이고, 이게 자연이고, 우리 인생이지."

먼저 오셔서 예의 뽀빠이 바지에 껑충한 장화를 신고서 농장 여기저기를 손보고 계시던 교수님은 내가 내뱉은 탄성이 무색하게, 대수롭지 않다는 듯 하던 일을 계속하셨다.

나는 눈을 돌려 이리저리 살펴보았다. 그랬더니 뭐가 변했는지 알 수 있었다.

"나무들이 굉장히 많이 자랐네요?"

몇몇 나무는 티가 날 정도로 자란 모습이 확연히 눈에 띄었다.

그 말에 교수님은 일하시느라 구부렸던 허리를 펴시며 손에 든 전지가위로 언덕 너머에 있는 나무 무리를 가리키셨다.

"신 대표, 저기 저 나무들 보여요?"

"네. 일전에 메타세쿼이아(Metasequoia glyptostroboides, 주로 공원수로 식재되는 낙엽침엽교목)라고 말씀해주셨던 걸로 기억합니다."

"그래요, 메타세쿼이아. 나무 이름이 어렵다 보니 나무학교나 이런 데 가면 나이 드신 양반들 외우기 쉽게 '1년에 1메타(m)씩 자라서 메타세쿼이아입니다'라고 가르쳐. 그런데 실제로도 자라는 속도가 엄청나."

"그래요? 나무는 늘 변함없거나, 변하다고 해도 느릿느릿, 눈에 안 띄게 변하는 줄 알았는데 그게 아닌가 봅니다."

그 말에 교수님은 펄쩍 뛰시며 내 손을 잡아끄셨다.

"저기를 좀 봐요. 저기 저 나무 보여요? 내가 저 나무를 심으면서 산림연구소에서 주관하는 나무학교를 다녔거든. 그런데 강의하시는 식물학 박사님께서 물어보시더라고. 나무의 DNA가 인간에 비해 얼마나 될지."

"글쎄요, 아무래도 사람보다야 좀 적지 않을까요?"

내 말에 교수님은 그럴 줄 알았다는 듯이 예의 장난기 섞인 천진난만한 미소를 지으시더니 손가락을 두 개 펴 보이셨다.

"인간에 비해 20퍼센트 정도 되나요?"

"아니, 두 배."

전혀 뜻밖이었다. 만물의 영장인 인간이 나무보다 두 배라면 모를까, 동물도 아닌 식물이 인간보다 두 배나 DNA 개수가 많다니. 못 미더워하는 표정을 보였는지 교수님의 설명이 이어졌다.

"생각해봐요. 우리야 위험이 있으면 슬쩍 도망치거나 피하기도 하고, 때로는 숨기도 하잖아? 근데 나무가 어디 그럴 수 있어? 비가 오나 눈이 오나 천둥이 치나 처음 심긴 그 자리에서 죽지 않기 위해 물과 영양분을 빨아들이고, 번식을 위해 암수 짝을 찾아서 씨앗을 최대한 멀리 뿌리려면 인간보다 얼마나 더 고민이 많겠어? 그런 고민들을 해결하려다 보니 어떤 면에서는 인간보다도 훨씬 더 복잡하고 현명한 생물체로 변화해왔겠지."

나는 다시 한 번 주변의 나무들을 쳐다보았다. 이미 지난번에 '성공의 의미'와 '성공하기 위한 방법'에 대한 이야기를 나누면서 오늘 수업의 주제는 이미 '변화'로 정해두었다. 마침 메타세쿼이아 덕분에 보다 쉽게 수업 주제를 풀어나갈 수 있게 되었다.

무엇보다 오늘 교수님과 '변화'에 대한 이야기를 꼭 나눠야 하는 이유가 한 가지 더 있었다. 요즘 나는 개인적인 변화를 고려하고 있다. 그간 국내 굴지의 기업에서도 근무해봤고, 세계적인 컨설팅 회사에서 컨설턴트로도 열심히 일해왔다. 그런데 새로운 길에 도전하고픈 욕구가 꿈틀거리기 시작했다. 때문에 인생에서 몇 번 맞이하기 힘든 큰 변화를 눈앞에 두고 있었다. 그렇기에 언젠가 교수님과 '변화'와 '선택'이라는 주제로 꼭 한 번은 이야기를 나눠야겠다는 생각을 하고 있었다. 그 시간이 바로 오늘인 듯했다.

더 체인지 메이커

교수님께 막 '변화'와 '선택'이란 주제로 질문을 하려고 하는데, 갑자기 하늘 저쪽에서 까마귀 떼가 요란스럽게 날아와서 잠시 나무숲 위에 머물다가 다시 올 때만큼 요란스럽게 산 너머로 사라져버렸다. 그 모습을 잠시 쳐다보고 있는데, 교수님께서 먼저 질문을 던지셨다.

"신 대표, 리더란 어떤 사람인 것 같아요?"

나무의 성장에 관한 이야기를 나누던 터라 '변화' 쪽으로 이야기를 풀어나가기에 딱 좋다고 생각하던 중이었는데 교수님은 엉뚱하게 리더에 대해 물으셨다. 나 자신이 한 조직의 리더이기도 해서 늘 고민해오던 질문이었고, 그 때문에 책도 많이 읽고 관련된 교육도 받아봤지만, 이렇게 갑작스런 질문은 늘 당황스러웠다.

"글쎄요, 리더란……."

교수님은 머뭇거리는 내 대답을 지워버리시듯 땅바닥에 찍혀 있는 앞선 사람의 발자국을 발로 쓱쓱 문질러서 없애버리시더니 단호하게 말씀하셨다.

“맨, 더 체인지 메이커(Man, the change maker).

“네?”

“옥스퍼드 대학교(Oxford University)에서 역사를 가르쳤던 사람이 있어요. 존 로버츠(John Morris Roberts)라고, 이 사람이 아주 유명해. 방송작가도 하고 강연도 인기가 많았는데, 그 사람이 한 말이야. 이 로버츠가 『히스토리 오브 더 월드(History of the world)』라는 책을 썼는데, 거기서 그랬거든. 맨, 더 체인지 메이커. 인간은 변화를 만들어가는 동물인데, 이 변화를 이끌어 가는 능력이 다른 동물과 인간을 구분시켜주는 유일한 특징이라고. 스티브 잡스를 생각해봐요. 그가 지금까지 사람들에게 회자되는 유명한 CEO로 남은 것이, 단지 그가 대단한 제품을 만들어내서가 아니잖아요? 그보다는 우리의 생활, 그러니까 우리가 음악을 듣는 방식, 휴대폰을 쓰는 방식, 컴퓨터를 사용하는 방식을 ‘변화’시켰기 때문이지. 월마트의 샘 월튼도 그래. 사람들은 그 사람이 물건을 대량으로 사들인 다음 싸게 팔아서 성공을 거둔 것이라고 생각하지만 그게 아니에요. 우리가 물건을 사는 방식, 물건을 소비하는 방식을 ‘변화’시켰기 때문에 그 사람이 대단한 거야. 잡스나 월튼이나 비즈니스를 잘한 게 아니라 비즈니스를 변화시킨 거지.”

그 순간, 나는 언젠가 교수님께서 꼭 한 번 읽어보라고 추천해 주셨던 『메이드 인 아메리카(Made in America)』가 떠올랐다. 방금 교수님이 말씀한 샘 월튼의 자서전으로, 그가 어떻게 미국이라는 거대한 나라의 유통망을 변화시켜 새로운 비즈니스 영역을 개척할 수 있었는지를 보여주는 책이었다. 많은 사람이 단순히 세계 최고의 갑부의 성공담이나 몇 가지 성공 원칙에 집중할 때 교수님께서는 그 책을 추천하시면서 그 책 안에 담긴, 그리고 샘 월튼의 삶 안에 담긴 '변화 DNA'에 주목해보라고 하셨다.

실제 샘 월튼은 변화에 대한 강박증이 있다고 할 정도로 변화에 대한 집착이 심했다. 생전의 그는 직접 경비행기를 몰고 도시 외곽에 있는 자기 매장을 방문하는 것을 즐겼는데, 한번은 비상등이 켜질 정도로 엄청나게 빠른 속도로 비행기를 몰았다고 한다. 이에 동승자가 "왜 이렇게 비행기를 빨리 모십니까? 이미 제한 속도를 많이 넘어섰습니다"라고 경고하자 "제한 속도라니, 누가 정해놓은 거지? 나는 예전부터 이 속도 이상으로 비행하면 어떤 문제가 생기는지 알고 싶었거든"이라고 답하며 비행기의 속도를 더 올렸다고 한다. 그 결과, 그 일대 지역의 비행 제한 속도가 이전보다 시간당 10마일(약 16킬로미터) 이상 더 올랐다고 한다.

샘 월튼은 늘 그런 식이었다. 어떠한 한계나 규칙, 제한을 아랑곳하지 않았다. 다른 사람들이 그 경계 안에서 어떻게 살지를 고민할 때 그는 "왜 그런 한계를 정했지? 누가 규칙을 만들었지? 제한 사항을 지키지 않을 경우 어떤 일이 일어나지?"라고 끊임없이 고민했고, 그러한 한계나 규칙, 제한들을 극복하고 바꾸고 변화시키거나 없애려고(이것 역시 변화의 한 형태이긴 하지만) 노력했다. 이런 변화를 통해 그는 수십 년간이나 세계 최고의 유통업자로 자리매김할 수 있었던 것이다.

내가 잠시 샘 월튼의 책 내용을 떠올리느라 딴생각에 빠져 있는 사이 교수님은 어느새 저만치 앞서 걸어가고 계셨다. 작은 묘목들이 촘촘하게 자라고 있는 묘목장이었다. 몇 해가 지나면 이 묘목들도 넓은 터로 옮겨져서 다른 선배 나무들처럼 우람차게 커나갈 것이다.

'작은 묘목에서 거대한 고목으로의 변화…….'

순간 한 가지 의문이 생겼다. 교수님께서는 분명 존 로버츠 교수의 글을 인용해서 인간만이 변화할 수 있다고 말씀하셨다. 그런데 방금 전에는 나무의 DNA 개수를 말씀하시며 '나무의 변화'에 대해 말씀하시지 않았던가. 뭔가 모순이라는 생각이 들었다. 변화가 인간의, 특히 리더의 특성이라고 한다면 한 해에 1미터씩 자라는 메타세콰이아야말로 우리 인류를 지배할 리더가 될 만한 변화의 최강자가 아닐까?

여기까지 생각이 미치자 나는 어느새 30년 전의 강의실로 돌아가, 실력은 있지만 완고하고 깐깐하며 게다가 학점이 지독하게 짠 교수님을 당황시키기 위해 만반의 준비를 갖추고 강의실에 들어온 학생이 되어 있었다. 1~2미터 정도 사이를 두고 교수

님의 뒤를 따라 걸으며, 나는 호시탐탐 강의에 일대 풍파를 일으킬 만한 회심의 질문을 던질 타이밍을 노렸다. 그리고 곧 그 기회가 찾아왔다.

나는 의심한다, 고로 생각한다, 고로 존재한다

걷다 보니 어느새 아까 그 메타세콰이아 숲이었다. 1년에 1미터씩 자라며 그 모습이 변한다는. 뜨겁게 내리쬐던 태양도 어느새 그 기세가 조금 약하게 변해 있었다. 준비한 질문을 하기에 더없이 좋은 시간, 좋은 장소였다. 살며시 기회를 엿보다가 나는 헛기침을 몇 번 한 뒤 교수님께 회심의 질문을 던졌다.

"그런데 교수님, 인간만 변화를 하고, 리더란 변화를 만들어내는 사람이라고 하셨잖습니까. 그런데 또 메타세콰이아가 한 해에 1미터씩 자란다고, 나무도 변하는 환경에 적응하기 위해 인간보다 두 배나 더 많은 DNA를 활용한다고 말씀하셨잖아요. 이 사이에 좀 모순이 있는 것도 같은데요."

막상 질문을 하고 나니 교수님이 어떤 답을 해주실지 기대가 되기도 했지만, 더불어 괜한 질문을 해서 교수님의 심기를 불편하게 한 것은 아닌지 하는 걱정도 들었다. 마치 그리스 소피스트(sophist)들의 궤변놀음에나 등장할 법한 상호모순 관계에 관한 질문이란 생각이 들었기 때문이다. 어떤 명쾌한 논리가 나오기 쉽지 않은 철학적인 질문 말이다.

한참 동안 답이 없으신 걸 보니 역시 교수님께서도 쉽게 답을 내시지 못하는 듯 보였다. 하지만 그건 나의 착각이었다. 교수님은 답을 하지 못하신 게 아니라 다른 생각에 빠져 계셨던 것이다.

"그러고 보니 메타세콰이아를 너무 촘촘히 심었어. 한 해만 지나도 부쩍 자라 있을 텐데 말이야. 자칫하면 숲을 망치겠어요. 나무를 무작정 심는다고 다 좋은 게 아니야. 잘 심어야지. 신 대표, 삼나무라고 알아요? 원산지가 일본인데, 일본 사람들이 숲을 조성하겠다고 그 삼나무를 아무데나 마구잡이로 심었다가 숲을 완전히 망쳐버린 사례가 있거든. 뭐든 과하면 탈이 나는 법이야."

그리고 교수님은 뜬금없이 라틴어 한 구절을 읊으셨다.

"두비토, 에르고 코기토, 에르고 숨(Dubito, ergo Cogito, ergo Sum)!"

나도 익히 알고 있는 구절이었다. 아마도 율리우스 카이사르가 파르나케스 2세를 물리치고 원로원에 보낸 승전보에 적혀 있던 "베니, 비디, 비치(Veni, Vidi, Vici : 왔노라, 보았노라, 이겼노라)"와 함께 세계에서 가장 유명한 라틴어 문장 중 하나일 것이다(물론 서울대 졸업생들에게는 한 문장이 더 있겠지만. 학교 마크에도 들어가 있는 문장인 '베리타스 룩스 메아Veritas Lux Mea'로 '진리는 나의 빛'이란 뜻이다).

"알고 있습니다. 데카르트가 한 말이지요."

"그렇지, 프랑스 철학자 데카르트가 한 말. 나는 의심한다, 고로 생각한다, 고로 존재한다. 참 멋진 말이지."

어떻게 맞장구를 쳤긴 했는데, 도대체 그 말이 '변화'와 어떤 관계가 있는지, 나무의 변화와 인간의 변화 사이에 있는 차이점과 어떻게 연계되는지 궁금했다.

"두비토! 만사를 의심하라는 거예요. 자기 삶에 대해서도 의심하고, 눈에 보이는 현상에 대해서도 의심하고, 눈앞에서 이렇게 일장 연설을 늘어놓는 교수도 의심하고!"

마치 30년 전 첫 수업 시간에 강단에서 경영학을 공부하는 사람의 자세를 설파하시던 40대의 젊은 교수님이 시간여행을 해서 이곳에 나타난 것만 같았다. 교수님은 허공에 힘차게 손까지 휘저으시며 데카르트의 이야기를 이어나가셨다.

"다음은 코기토! 생각하라는 거예요. 의심했던 것에 대해 자기 자신만의 관점을 가지고 끊임없이 생각하라는 거지. 그러면?"

"그러면요?"

"숨! 존재한다는 거야."

데카르트의 말뜻은 알겠는데, 그 말이 인간의 변화와 다른 생물의 변화가 다른 이유와 어떤 관계가 있는지는 잘 이해되지 않았다. 결국 교수님의 설명을 끝까지 들어야 했다.

"식물을 포함해서 모든 생물은 변화를 해요. 말했듯이 인간보다 두 배나 많은 DNA를 가진 식물은 어떤 면에서는 더 지능적으로 환경에 맞춰 변화를 해왔고. 짐승들도 마찬가지야. 변화의 속도나 모습만 놓고 보면 인간이 결코 더 탁월하지는 않아. 그런데 질문을 조금만 달리 하면 답이 달라져요."

"네? 어떻게요?"

"두비토 에르고 코기토. 의지를 가지고 변화했느냐, 환경에 적응하는 것이 아닌 그 환경을 바꾸는 주도적인 변화를 했느냐, 자기 자신은 물론 다른 이에게까지 기여하는 의미 있는 변화를 했느냐 하고 물어보면 그 답은 전혀 달라져."

교수님은 들고 다니시던 긴 부지깽이 같은 나무 막대로 땅에 '의지', '주도성', '의미 있는 기여'라는 세 단어를 적으셨다. 나는 얼른 메모장에 받아 적었다.

교수님은 과거 강의시간이 끝날 무렵 그날 강의한 내용 중 중요한 부문을 다시 강조하시듯 앞서 말씀하신 사항을 다시 한 번 힘주어 말씀하셨다.

"사람만이 의지를 가지고 의미 있는 변화를 할 수 있지. 그 변화를 제대로 하는 것이 우리가 추구해야 할 인생의 성공이고. 그런 면에서 리더란 변화의 선봉이 될 뿐 아니라 주변 사람이 의미 있는 변화를 할 수 있도록 체인지 메이커(change maker)가 되어야 해요. 어떤 사람이 CEO가 되어 가지고 일으킨 변화가 없다, 이러면 안 돼. 어떤 사람이 과장인데 주어진 일만 열심히 한다, 그건 과장이 아니야. 그냥 업무를 처리하는 사람에 불과해요. 과장이든 부장이든 CEO든 체인지 메이커가 되는 걸 중요하게 여겨야 해. 그러니까 세상이 변화하는 모습을 남보다 먼저 봐야 하지 않겠어? 근데 그런 이야기들은 사실 책에 많이 나와. 철학 책이든 문학 책이든 경영학 책이든 법학 책이든 사회학 책이든, 앞으로 세상이 변화할 방향에 대해서 언급을 하게 마련이거든. 앞으로 이렇게 가야 한다든지, 당위성을 이야기한다든지. 상식이야. 책에서는 상식이 통해. 그러니 책을 많이 읽어야 돼. 그런 사람일수록 그런 방향을 잘 잡을 거야. 중간 관리자라고 그냥 지나치면 안 돼요. 이런 사람들도 맡은 바 역할을 잘 수행해야 하는 중간 리더거든. 일단 자신이 훌륭한 플레이어가 된 다음 코치를 잘해줘야 돼. 어떻게 할 것인지 스스로가 보여주고 또 가르쳐줘야지. 그리고 위에서 말한 거를 아래에 잘 전달하는 훌륭한 통역자가 되어야 하고."

절로 고개가 끄덕여졌다. 내가 얼마나 많은 변화를 일으켰는지 나 스스로 점검해봐야 할 것 같았다.

"내가 대학에 참 오래 있었지만, 내가 제일 성공했다고 보람을 느꼈을 때는 신문이나 방송에서 나가면 다른 사람들이 내 이야기를 들어줄 때였어요. 내가 의미 있는 생활을 하고 있구나 싶었거든. 내가 생각하는 성공이란 그래. 다른 사람들에게 영향을 미치고 생각을 바꾸게 하는 것. 그러면 누군가가 나로 인해서 생활

태도가 바뀌지 않겠어요? 한번은 내가 지하철을 탔는데 말이야, 어떤 사람이 내가 쓴 칼럼을 딱 접어가지고 읽는 거야. 그게 그렇게 좋더라고. 하하."

말씀을 마치시고 교수님은 다시 메타세콰이아 숲으로 들어가시더니 나무들을 보며 중얼거리셨다.

"정말 빨리 자라기는 빨리 자라. 이 녀석들 몇 년 전 심을 때는 고작 요만했는데 말이야……."

그 모습을 지켜보면서 나는 속으로 교수님께서 해주신 말씀을 곱씹어보았다.

맨, 더 체인지 메이커.

두비토, 에르고 코기토, 에르고 숨.

의지, 주도성, 의미 있는 기여가 있는 변화.

그러고 보니 어느 날 문득 내가 너무 메마른 것이 아닌가 싶어 우뇌를 자극할 만한 것이 필요하겠다는 생각에 서울대 미술관에서 진행하는 '최고경영자 예술문화과정'을 들었던 것이 생각났다. 강의를 들으면서 나는 아직 살아 있는 현대 작가들의 언뜻 이해하기 어려운 작품이 엄청나게 비싼 가격에 거래된 사실을 알고 놀랐다. 포름알데히드로 가득 채운 유리 진열장에 죽은 상어를 매달고 모터를 이용해서 움직이게 한 작품, 사람의 두개골을 온갖 보석으로 장식한 작품 등 '죽음의 작가'로 불리는 데

미언 허스트. 여러 개의 캠벨수프(Campbell soup) 깡통 그림을 선보이고, 마릴린 먼로의 초상화를 만화적으로 그리는 등 대중적 친밀도를 중시하는 팝아트를 선도한 앤디 워홀. 이런 작가의 작품들이 꽤 고가에 거래되고 있었다. 피카소나 고흐 등 이미 한 시대를 풍미하고 간 작가들의 작품이 비싼 것은 당연히 이해되었지만.

살아 있든 이미 고인이 되었든, 현 시대에 존경과 인정을 받고 비싼 값에 작품이 거래되고 있는 화가들을 보면 공통점이 있다. 주류를 따라가지 않고 본인만의 독창적인 시도를 했다는 점이다. 물론 그 때문에 처음에는 다른 화가들이나 대중으로부터 이상하다고 손가락질을 받기도 했지만, 끝내는 인정을 받았다. 만약 그들이 주류 화풍을 따라가기만 했다면 결코 미술사에 한 획을 긋는 업적을 남기지는 못했을 것이다. 나만의 화풍이 무엇인지, 세상을 바라보는 나만의 필터가 무엇인지 그들은 끊임없이 찾았던 것이다.

지금 이 순간, 각자의 자리에서 열심히 일하고 있는 수많은 사람들이 있을 것이다. 그런데 과연 내가 아니면 일어나지 않을 변화를 일으키기 위해 노력하고 있는 사람은 몇이나 될까? 단순히 과거부터 해온 일이라서, 윗사람이 시켜서, 누군가 그렇다고 하니까 그냥 하고 있는 것은 아닐까? 물론 그럼에도 무언가 조금씩 바뀌기는 할 것이다. 다만 내가 아니라 누군가가 했어도 그 정도 변화는 일어난다는 사실이다. 내가 아니면 일어나지 않을 변화를 만들어야 한다.

이 무렵 나는 내 삶에 있어 몇 손가락 안에 꼽힐 큰 변화에 대해 고민하고 있었기 때문에, 그 어떤 날보다 이날의 수업이 내 마음속에 깊이 각인되었다. 그리고 이날의 수업 덕분에 나는 내게 주어진 '변화의 기회'에 대해서 보다 심각하게 고민하기 시작했다.

| 네 번째 수업 |

선택하기 전에 먼저 생각해야 할 것들

익숙한 것과의 이별

한동안 교수님을 뵙지 못했다. 뭔가 특별한 이유가 있어서 그런 것은 아니었다. 그저 내게 닥친 문제, 변화할 것인가 말 것인가를 두고 생각할 것들이 많았다. 내 할 일은 그대로 처리하면서 그 '선택'을 위한 고민에 몰두하느라 짬을 낼 겨를이 없었다.

내게 닥친 선택의 문제는 '경력 전환'이었다. 회사 말단의 젊은 직원일지라도 경력 전환에 대한 문제는 꽤 중요한 고민거리일 것이다. 그런데 나는 이미 어느 정도 자리를 잡은 상태였다. 이런 시점에서 하는 경력 전환이라면 거의 '이민' 수준에 가까운 변화를 수반하는 것처럼 느껴져 선택이 매우 어려웠다. 그만큼 신중할 필요가 있었다.

먼저 생각부터 정리해야 했다. 익숙한 생활환경을 벗어나 새로운 곳에서 문제를 다시 생각해보고 싶었다. 그렇다면 지금 환경과는 완전히 다른, 전혀 반대되는 분위기의 장소여야 했다. 마침 딱 한 곳이 떠올랐다.

히말라야(Himalaya) 산맥. 고대 산스크리트어로 눈(雪)을 뜻하는 '히마(hima)'와 장소를 뜻하는 '알라야(alaya)'가 합쳐져 '눈의 땅'이라고 불리는 곳. 네팔, 인도, 부탄, 중국(티베트) 등에 걸쳐 뻗어 있는 이 산맥은 세계에서 가장 높다는 에베레스트 산을 포함해 해발 8000미터 이상 되는 봉우리만 무려 14개가 넘는 엄청난 높이의 산맥으로 예로부터 '세계의 지붕'이라는 별칭으로 불리었다.

단순히 높기만 할까. 희박한 공기, 종잡을 수 없는 날씨, 길 위에 수시로 눈더미와 바위덩어리가 내려앉는 산사태 등으로 오랫동안 인간이 접근하기 힘들었던 곳이다. 인간의 접근이 제한된 만큼 척박했고, 그로 인해 인간의 수많은 도전과 공격으로부터 그 순수성을 지켜온 지구상 몇 남지 않은 보석 같은 땅으로 존재할 수 있었다. 나는 이 보석 같은 땅에서, 인간의 존재를 비웃기라도 하듯이 우뚝 솟은 고봉들 앞에 겸허히 서서 나 자신을 되돌아보며 머릿속을 정리하고 정신을 가다듬고 올 생각이었다.

일반인이 별다른 훈련이나 특별한 장비 없이 오를 수 있는 최대한의 높이에 위치한 베이스캠프까지 이르는 히말라야의 산골 마을들을 도보로 움직이는 여정이었다. 안내인을 따라 5일에 거쳐 올라가서 이틀 만에 내려와야 하는 다소 벅찬 일정이었다. 가는 곳마다 눈만 돌리면 오만한 인간을 비웃기라도 하듯 하늘 높이 준봉(峻峯)들이 줄지어 솟아 있었다. 그렇게 한참을 걸어 히말라야의 마을들을 지나치며 트래킹할 때였다. 문득 무언가 없다는 생각이 들었다.

'뭐지?'

분명 무언가가 없었다. 그런데 뭐가 없는 건지 도통 떠오르지가 않았다.

'고산병 증세가 온 건가? 뭐지? 분명 여기 뭐가 없는데…….'

없는 것은 바로 전기였다. 그곳 마을에서는 전기 기구나 시설을 찾아볼 수가 없었다. 물론 직경 20센티미터도 안 되는 관으로 산에서 눈이 녹은 물을 흘러내리게 해놓은 뒤, 그 끝에 마치 우리나라의 경운기 엔진과 흡사하게 생긴 발전기를 붙여놓아 전기를 생산하도록 해놓은 시설이 있기는 했다. 하지만 그 정도로 생산할 수 있는 전기의 양은 한계가 있었다. 산장에 달린 전등 몇 개만 켤 수 있을 정도였고, 그나마도 밤 11시가 넘으면 완전히 끊겨 사방이 암흑천지로 변해버렸다.

그뿐 아니었다. 우리가 일상생활에서 당연히 있어야 한다고 여기는 물건 대부분이 그곳에서는 구하기가 너무 힘든 귀중품이었다. 처음에는 그런 결핍에서 비롯되는 피로감이 불편했다. 나도 모르게 불평이 입 밖으로 터져 나오기도 했다. 하지만 점차 자연과 호흡하며 그곳의 삶에 나도 모르게 빠져들게 되었고, 그러면서 결핍에도 익숙해지기 시작했다. 나중에는 마치 배가 고플 때 더욱 정신이 맑아지듯 삶에 있어서 보다 본질적인 부분에 집중할 수 있었다.

가정생활, 직장생활, 기업 경영을 포함한 우리 삶의 많은 순간 역시 마찬가지인 듯싶다. 우리는 흔히 손에 쥔 것들, 즉 시간이나 인력, 물자 등과 같은 자원이 많으면 많을수록 보다 다양한 선택을 할 수 있을 것이라고 생각한다. 하지만 내 경험상 오히려 그것들이 약간 부족한 상태에서 더 나은 선택을 하게 되고 더 훌륭한 성과를 내는 경우가 많았다.

히말라야의 여정은 그런 결핍의 의미를 깨닫게 된 의미 있는 시간이었다. 덕분에 떠날 때 머릿속에 담고 갔던 선택의 문제들을 대부분 해결하고 올 수 있었다.

우리 인생은 예측대로 흘러가지 않는다

"신 대표, 오랜만이에요."

오랜만에 농장에 들른 나를 교수님께서는 아주 반갑게 맞이해주셨다.

"평안하셨어요? 오래 못 뵈었습니다."

"그래, 여행은 즐거웠고?"

"네."

"그래 보여. 건강하게 돌아왔음 됐어요."

인사를 마치기가 무섭게 교수님은 어디론가 향하셨다. 매번 그렇지만 칠순을 넘긴 노교수의 걸음걸이라고는 볼 수 없는 힘찬 발걸음이었다. 얼른 장화로 갈아 신고 뒤따라 가보니 언젠가

'참 사연 많은 아이들'이라고 소개해주셨던 나무들 앞이었다. 굴삭기 한 대가 요란스러운 소리를 내며 나무들 주변을 파고 있었고, 인부 여러 명이 부산스럽게 뿌리와 흙이 떨어지지 않도록 노끈으로 싸매고 가지를 정리해서 곁에 대기하고 있는 트럭에 실을 준비를 하고 있었다.

"나무들 파시나 봅니다?"

"응. 신도시 아파트 단지에 조경수로 쓴다나 봐."

교수님은 인부들이 나무를 소홀히 다뤄 혹여 뿌리나 가지가 상할까 봐 현장을 이리저리 왔다 갔다 하시며 지시를 내리느라 바쁘셨고, 그 덕에 나와 교수님의 대화는 자주 끊겼다. 그러다 갑자기 교수님께서 트럭에 실린 나무의 가지를 매만지며 물으셨다.

"신 대표, 이 나무 이름이 뭔지 알아요?"

알 리가 없었다. 나무라고 해봐야 은행나무와 버드나무 정도만 겨우 구분할 줄 아는 나무 문외한인 내가 뭘 알겠는가. 내게는 그저 가지의 생김새도 잎의 모양도 생소한 '그냥 나무'였다. 뭐 교수님도 정확한 답변을 기대하고 물으신 건 아니었음을 곧바로 이어진 교수님의 말씀에서 알 수 있었다.

"이팝나무. 처음 들어보지?"

"네."

"다른 건 다 내가 직접 심고 가꾼 나무들인데, 이것들만 농장

전 주인이 심어 기르다가 두고 간 거야. 그런데 재미있는 게 뭔지 알아요? 계약서에 도장을 찍는데, 전 농장 주인이 덕담이랍시고, 절대로 이팝나무는 심지 마세요, 지금 저 밖에 심은 것들도 가능하면 얼른 패다 버려버리고 값 잘 받는 다른 나무로 갈아심으세요, 하는 거야. 그때만 해도 이 이팝나무가 관리하기가 힘들고, 가지가 뻗는 거나 잎이 자라는 모습이 보잘것없는 하등 품종이었단 말이야. 근데 언젠가 이 이팝나무를 사러온 업자가 있었는데, 가격을 너무 후려치는 거야. 그래서 내가 홧김에 이팝나무는 절대로 안 판다 해버렸지. 그래서 다른 나무들은 팔고 새로 심고 또 팔고 그랬는데, 얘들만 그러지 못하고 이렇게 남아 있었어. 근데 서울에서 하천을 복원해서 나무를 심는데, 거기다 외래종 나무를 심을 수가 없잖아? 그래서 조경 전문가들이 모여서 고민을 했다나 봐. 거기서 이팝나무 심읍시다, 해서 얘들이 확 인기 있어졌지."

물푸레나무과에 속하는 이팝나무는 일본과 태국에서도 자라지만 가장 대표적인 주산지가 한국이라고 한다. 다 자라면 높이가 20여 미터에 달하는 이 나무는 초여름에 흰 꽃이 피는데, 그 모양이 쌀알 같다고 해서 이밥(쌀밥)나무라고도 불린단다. 한 그루, 한 그루의 생김새는 주목(朱木, 상록침엽교목)이나 소나무 또는 전나무 등과 비교해서 그다지 볼품이 없었고 값도 높지 않았다. 그래서 전문 조림(造林)업자들은 별로 선호하지 않는 나무였다고 한다.

하지만 여러 그루를 함께 심어놓으면 사정이 달라졌다. 특히 하천을 따라 줄지어 심기에는 이팝나무만 한 것이 없었다. 입하(立夏) 무렵에 달빛 아래 흰 꽃이 만발하면, 장관도 그런 장관이 없었다. 게다가 벚나무나 아카시아 나무와는 달리 우리나라 토종이라는 상징성도 있었다. 그런 연유로 이팝나무를 심기로 했는데, 문제는 조림업자들이 선호하지 않는 품종이다 보니 필요한 수량만큼 구할 길이 없었다는 점이다.

"그때, 한마디로 대박이 났지. 우리 이팝나무를 없어서 못 팔 정도였으니까. 내가 이팝나무를 기르려고 한 것도 아니고, 어쩌다 보니 그럴 수밖에 없어서 등 떠밀려 선택하게 된 셈인데, 그렇게 될 줄 누가 알았겠어요? 하하하."

말씀을 듣고 보니 내게도 그런 경험이 있었다.

사실 생산관리 수업 말고도 꿈에 자주 등장하던 장면이 있다. 바로 고등학교 1학년 신체검사 날이었다. 그때까지 나는 '유명한 공학자'나 '저명한 물리학자'가 되는 것이 꿈이었다. 어린 시절부터 두꺼운 백과사전을 끼고 온갖 자연현상과 과학적 지식들을 섭렵하며 호기심을 키워나갔고, 그러한 호기심과 궁금한 것이 생기면 못 참는 성격 때문에 집 안에 있는 온갖 전자제품을 죄다 뜯어놓고는 했다. 로켓을 만들겠다고 청계천에 가 화공약품을 사서 홀로 실험을 하다가 큰불을 낼 뻔한 적도 있다. 세부적인 시기와 방법, 구체적으로 어떤 분야에 진출할 것인지만 정하지 않았을 뿐 진로를 이공계로 잡는 것은 나나 부모님이나 모두 기정사실로 여겼다. 그런데 고등학교 1학년 신체검사 날, 그 기정사실은 산산조각 나고 말았다.

그때까지만 해도 나는 내 몸에 어떠한 이상도 느끼지 못했다. 일상생활에 전혀 불편함이 없었고, 주변 누구도 이상하다고 느끼지 못했다. 하지만 뜻밖에도 그날 나는 색약 판정을 받았다. 지금이야 인식이 많이 바뀌었지만, 당시만 해도 색약은 꽤 심각한 신체적 결함으로 받아들여졌다. 특히 이공계로의 진출은 불가능했다.

나는 좌절했다. 하지만 스스로 납득이 가는 상황이면 최대한 신속하게 단념하고 새로운 길을 찾아나서는 성격이던 나는, 이공계로의 진학을 포기하고 경영학을 나의 새 진로로 삼고 도전했다.

만일 내가 색약 판정을 받지 않고 예상대로 공대에 진학해서 공학자가 되었거나, 관련 산업 분야에 진출했다면 어땠을까? 지금보다 더 큰 성공을 거두었을까? 모르겠다. 사람의 인생은 예측불허니까. 어떤 소설가가 말한 대로 우리 인생에는 생각과는 다른 일들이 너무 많이 일어난다. 분명한 것은 내가 경영학을 전공 분야로 삼고, 컨설턴트 및 경영자가 되기까지 열심히 노력해왔다는 사실이다. 그 선택이야 우연한 계기로 이루어진 것이지만, 그 선택을 나는 받아들였고, 그 선택의 결과에 책임지기 위해 최선을 다했다. 덕분에 지금 어느 정도의 성과를 거두게 된 것이다.

"교수님, 우리 인생에서 선택의 문제는 참 중요하고도 어렵지 않습니까? 그런데 우연이나 의도치 않은 상황이 개입할 여지가 너무 큰 것 같아요."

나는 교수님께 내가 이공계를 포기하고 경영학을 선택한 배경을 말씀드렸다. 교수님은 내 이야기에 별다른 말씀 없이 트럭에 실리는 이팝나무들을 바라보며 중간 중간 고개만 끄덕이셨다.

이윽고 트럭 한 가득 이팝나무들이 실려 떠나가고, 굴삭기 등의 중장비와 인부들도 마무리 복토(覆土)작업까지 마치고 돌아갔다. 나무들이 떠난 빈자리에 교수님과 단 둘이 서 있으려니, 묘하게 마음 한켠이 뻥 뚫린 듯 허전함이 밀려왔다. 교수님도 그러신 듯했다. 왜 아니 그러시겠는가. 짧게는 몇 년, 길게는 십여 년 가까이 지켜봐오던 자식 같은 나무들이었을 텐데…….

"우리 잠깐 걸을까요?"

교수님과 나는 예전 이팝나무가 가득 심겨 있던 자리를 가로질러 농장 주변의 산책길을 걷기 시작했다.

인생, 순간의 선택을 이어놓은 것

"우리에게 선택이란 문제는 참 어렵고 힘든 과제 같습니다."

한참 동안 말없이 걷다가 먼저 입을 연 것은 나였다.

"그렇지. 인생이라는 게 길게 보면 하나의 흐름 같기도 하고 커다란 영역 같기도 하지만, 자세히 보면 순간순간의 선택을 여럿 이어 붙여 놓은 것에 지나지 않아요."

'순간의 선택을 이어놓은 것이 인생'이라는 교수님의 말씀이 가슴에 와 박혔다. 역으로 생각하면 우리가 순간순간 맞이하게 되는 고통스러운 선택들도 어찌 보면 긴 우리 인생에 있어 일부분에 지나지 않는다는 뜻일 것이다. 문득 교수님께도 힘들었던 선택의 순간들이 있었는지 궁금했다. 사업가의 장남으로서 가업을 포기하고 취업했다가 다시 학업을 선택했던 순간에 대한 이야기는 들었지만, 다른 어려운 선택의 문제에 놓였을 때는 어떻게 하셨는지 듣고 싶었다.

"교수님, 혹시 교수님께도 어려운 선택의 순간이 있었습니까?"

"글쎄, 내가 어려운 일이나 힘든 일은 가급적 금방 잊어버리려고 노력하는 스타일이라……."

교수님은 잠시 생각을 하시는 듯하더니 빙그레 웃으시며 손가락 세 개를 펴 보이셨다.

"세 번."

"네?"

"어렵거나 괴로운 것까진 아니고, 기억에 남는 선택의 순간이 세 번 있었어요. 한 번은 미스코리아 대회에서 심사위원이 되어

달라고 했고, 또 한 번은 방송국, 지상파야, 명사 요리 코너에 나와달라는 부탁을 받았고, 또 한 번은 당시 세계 최대 노트북 회사에서 한국 광고 모델이 되어달라는 제안을 받았어."

"그래서 하셨습니까?"

"아니."

"왜요? 모두 좋은 기회였던 것 같은데요."

"그랬지. 어떤 것은 재미있어 보였고, 어떤 것은 나름 영광스럽기도 했고. 나머지 하나는 꽤 큰돈이 생기는 일이었고."

"그런데 왜 선택하지 않으셨습니까?"

"다 이유가 있지. 지금이야 인기가 별로지만, 그때만 해도 미스코리아 대회가 지상파에서 하지 않았어? 그래서 대회가 열리면 온 국민이 생중계로 전야제도 보고, 본선 대회도 보고 그랬잖아. 다음 날이면 신문이고 방송이고 미스코리아 진선미가 누군지 떠들어대고."

맞다. 그때는 그랬다. 2000년대 초반까지 미스코리아 대회는 온 국민의 관심사였다. 대회를 통해 배출된 미녀들은 하루아침에 대한민국 최고의 스타 반열에 오르곤 했다.

"그러다가 사회가 발전하면서 너무 외모만 중시한다, 여성 권익 향상에 악영향을 끼친다, 이런 비판 여론이 생기기 시작하니까 주최 측에서 디자이너나 방송연예 관련자들로만 구성되었던 심사위원진에 나 같은 선생이나 사회 저명인사를 초빙한 거야."

"그런데요?"

"안 하겠다고 했지. 두 번째는 한 지상파 TV에서 명사들을 초대해서 요리하는 프로그램이었는데, 요리를 안 하셔도 좋으니까 와서 얼굴만 비춰주십시오, 하더라고."

"그 프로그램도 혹시……?"

"응. 안 하기로 했어. 세 번째는 많이 아쉬웠지. 당시 우리나라 최대 PC 회사에서 신문에 전면 광고를 내려고 하는데, 나더러 모델을 해달라는 거야. 그냥 자기네 회사 노트북을 들고 서 있으면 된대. 사진 몇 장 찍는 거니까. 근데 모델료가 엄청났거든. 나 그거 받아다가 모교 발전기금으로 내려고 했어요."

"그런데 그것 역시 안 하셨고요?"

"응. 그랬지."

왜 그랬을까? 나는 메모지에 받아 적을 준비를 하고, 교수님께 그 이유를 여쭤보았다.

"기준에 맞지 않았기 때문이야."

생각보다 답은 간단했다. 미스코리아 대회의 심사위원, TV 명사 초청 요리 프로그램 출연, 대형 컴퓨터 회사의 광고 모델. 누구나 탐내는 기회였다. 교수님이 하시는 일에 크게 방해가 된다거나 시간을 많이 뺏길 일도 아니었다. 그럼에도 교수님은 선택의 순간에 '기준에 맞는지'를 묻고 계셨던 것이다.

"우리 인생에 있어서 모든 선택은, 어떻게 보면 우연의 산물인 경우가 많아요. 그리고 그 결과를 어렴풋이 예측만 할 뿐 정확하게 알 수는 없어. 어떤 선택은 최상의 결정이라는 생각이 들어서 했는데 막상 결과가 형편없는 때도 있고, 어떤 선택은, 예를 들어 신 대표가 이공계가 아닌 인문계를 선택했던 것처럼 상황에 의해 어쩔 수 없이 선택했는데도 나름의 성공을 가져다주는 경우도 있고."

"그래서 선택이란 것이 참 어려운 것 같습니다."

"그렇지. 내가 이팝나무가 저렇게 잘될 줄 알고 애지중지 키웠겠어?"

그 말에 교수님도 나도 웃음이 터져 나와 한참 파안대소를 했다. 한바탕 웃으시고 난 교수님께서 이팝나무를 패내간 터의 흙을 매만지시며 말씀을 이으셨다.

"그래서 자기만의 기준이 있어야 해요. 선택이라는 것은 필연적으로 변화를 가져오는데, 그 와중에 상황 논리에 휩쓸려서, 혹은 다른 사람의 말만 믿고 선택을 하다가는 크게 다쳐요. 나중에는 내 삶의 본질이 무엇인지, 내 삶의 위치가 어디쯤인지를 잊어버리고 이리저리 떠도는 삶밖에 살 수 없게 되거든."

실제로도 그렇다. 명문대를 졸업한 후 해외 유명 대학교에 유학까지 다녀와 좋은 회사에서 성공적으로 첫 사회생활을 시작했는데도 산업 트렌드에 따라, 연봉의 등락에 따라, 그때그때 잘

나가는 업종의 흐름에 따라 이리저리 이직을 하거나 다양한 일에 손을 대다가 결국 경력은 경력대로 망가진 경우를 내 주변에서도 심심치 않게 보았다. 그러다 보니 늦은 나이에 자신의 주력 분야가 무엇인지, 앞으로 인생을 어떻게 살아야 할지 헷갈려하며 막막해하는 경우도 있었다.

"자기 자신의 기준을 확고하게 세운 뒤에 '내가 주도적으로 하는 선택인가?', '내 삶의 기준에 부합되는 선택인가?', '내가 살아온 삶이나 앞으로 살아갈 삶의 본질을 해치지 않는 선택인가?' 하고 스스로에게 물어 하나라도 '아니'라는 답이 나오면 그 선택은 하지 말아야지."

"그러면 교수님의 그 세 번의 선택은……."

"셋 다 첫 물음에서 '아니오'더라고. 그러니 뭐 더 고민할 것도 없었지. 하하."

"그런데 교수님. 교수님이야 삶의 기준도 확고하시고 살면서 선택의 순간에 마주한 경험도 많으시니 가능하신 거 아닐까요? 그냥 보통의 사람들은 흔들림 없이 그렇게 온전히 자기 기준에 맞춰 선택하기가 쉽지 않을 텐데요."

"아이고, 나라고 그런 선택들이 어디 쉬웠겠어? 다행히 나는 이런 선택의 순간에 마주할 때마다 올바른 선택을 내리도록 도와준 조력자가 있었으니 가능했지. 그래서 내 기준을 잊지 않고, 그 기준에 의해서 선택할 수 있었던 거예요."

"조력자라고 하시면……."

"내 부인, 아이들 엄마. 최 교수. 하하."

학자이지만 경영자적 마인드를 가지신 교수님은 의사결정이 빠르고 과감하신 편이신데, 가끔은 다소 저돌적으로 실행과 결과만을 앞세우는 경우도 있다고 하신다. 그에 반해 철학자 집안에서 태어나 영문학을 전공하신 사모님은 수필가로도 활동하실 정도로 인문학적 감성이 풍부하고 삶을 깊이 관조하는 능력이 탁월하시단다. 그렇다 보니 교수님이 의사결정을 하는 데 있어서 속도를 조절하고 다시 한 번 생각해보도록 설득하는 데 능하시다고. 몇 번의 선택의 순간에 기준을 잊어버릴 위기에 처한 교수님을 구한 사람이 바로 사모님이시라는 말씀이셨다.

"나 자신을 가장 잘 아는 사람을 옆에 두고, 선택의 순간에 내 생각만 고집하지 말고 그 사람 의견을 구하는 과정을 반드시 거쳐야 해요. 그러니까 혼자일 때보다는 부부가 되었을 때, 이왕이면 금슬이 좋은 부부가 훨씬 더 옳은 결정을 내릴 확률이 높아져. 하하."

"꼭 부부만이 그런 역할을 해줄 수 있는 것은 아니지 않습니까?"

"그렇지. 진심을 나눈 친구나 선배, 존경하는 스승도 그 역할을 해줄 수 있지 않겠어요?"

이로써 서울에서 시작해 히말라야까지 갔다가 이곳 일규 농장에까지 가지고 온 내 선택의 문제는 답을 찾았다. 교수님 말씀대로 내 삶의 기준에 맞춰 생각해보고 나의 가장 가까운 조력자의 의견을 취합해봤을 때 나의 선택은 '새로운 곳', '새로운 일에 대한 도전'이었다. 큰 짐을 덜었다는 생각에 차가 있는 곳까지 걸어 내려오는 발걸음이 더할 나위 없이 가벼웠다.

그러다 문득 '교수님 인생에서 굵직한 선택의 순간이 미스코리아 심사위원이나 TV 출연, 혹은 광고 모델 정도밖에 없었을까?' 하는 의문이 들었다. 그래서 조심스럽게 여쭈었다.

"그런데 교수님, 아까 말씀하신 것들은 그다지 심각한 사안은 아니었던 것 같은데, 좀 더 중요한, 다른 선택의 순간은 없으셨습니까? 뭐랄까……."

"아, 입각(入閣)이나 대기업 CEO 자리 제안 같은 거? 그런 거야 뭐 한두 번도 아니라서 크게 고민되는 선택도 아니었어. 고민할 거 뭐 있어? 당연히 노(No)지! 곽수일한테 연구하고 학생들 가르치는 자리만큼 기본적이고 삶의 원칙에 충실한 직업이 어디 있어야지. 하하하."

조심스럽게 망설이며 묻는 나에 비해 교수님은 뭘 그리 대수롭지 않은 걸 어렵게 묻느냐는 식으로 호탕하게 답변해주셨다. 나는 겸연쩍게 웃었다.

어느새 차가 대기하고 있는 곳에 이르렀다. 그런데 이번에는 교수님이 근심 섞인 표정으로 내게 말씀을 꺼내셨다.

“근데 내가 요즘 선택하기가 어려운 고민이 있는데 말이야…….”

이제까지 교수님의 그런 모습을 본 적이 없어서 나는 잔뜩 긴장했다.

‘내게 상의하실 정도로 교수님께 어려운 선택의 문제가 무엇일까?’

교수님은 우리가 걸어내려 온 나무숲을 바라보시며 물으셨다.

“저기 저 이팝나무 캐어 간 곳. 저기다 어떤 나무를 심으면 좋을까? 결정하기가 참 어려워. 터가 좁아서 가지가 넓게 퍼지는 건 못 심겠고, 그렇다고 땅을 놀리자니 아깝고. 하하하!”

달빛 아래 흐드러지게 핀 이팝나무의 흰 꽃잎이 꿈만 같이 아른거리는 가운데, 교수님과 나의 웃음소리가 한참 동안이나 일규 농장의 밤하늘을 채워 나갔다.

| 다섯 번째 수업 |

삶의 무게를 어떻게 견딜 것인가

스트레스에서 자유로운 사람은 없다

월요일 아침. 전화벨 소리가 요란하게도 울렸다. 으레 이 시간대에는 서로 전화를 걸지 않는 게 상식이었다. 이른 아침, 그것도 한 주의 시작인 월요일에는 조용히, 긴급하게 처리해야 할 일들이 많기 때문이다. 그럼에도 전화벨이 울린다는 것은 뭔가 긴급한 상황이거나 중요한 클라이언트의 연락임이 틀림없었다.

"나, 곽수일입니다."

받아보니 교수님이셨다.

"아니, 교수님. 이렇게 이른 시간에 어쩐 일이십니까?"

그러자 교수님은 한결같은 그 해맑은 웃음을 한바탕 날리신 뒤에 말씀하셨다.

"신 대표가 워낙 바쁜 사람이잖아요. 다른 시간에야 늘 회의다 뭐다 바쁠 테고, 그냥 이 시간 정도면 새로운 한 주를 계획하면서 혼자 있을 시간인 것 같아서 전화했어요. 통화하기 수월할 것 같아서."

역시 대한민국 CEO들의 스승이라고 불릴 만한 분이셨다. 워낙 수많은 CEO, 임원들을 제자로 두고 있다 보니 그들의 생활습관과 시간 활용까지 머릿속에 줄줄 꿰고 있으신 듯했다. 나도 교수님을 따라 해맑게 웃을 수밖에 없었다.

"하하하. 그러네요. 한 주 중 지금 이 시간이 가장 온전하게 제가 누릴 수 있는 시간이네요. 덕분에 교수님과 이렇게 여유롭게 통화도 할 수 있고요. 말씀하십시오, 교수님."

난 교수님과 한참 동안 지난 주말에 있었던 일들에 대해 이런저런 이야기를 나눴다. 신기한 일이었다. 학교에 다닐 때만 하더라도 곽수일 교수님이라고 하면 고개도 못 들고 눈빛도 제대로 마주치지 못하는 학생들이 수두룩했다. 난 그나마 내가 해야 할 일은 제대로 해놓는 축에 속했기에 그 정도는 아니었지만, 일부 불성실한 동기들 중에는 강의시간에 교수님이 호명하기만 해도 오금이 저려 제대로 대답조차 못하고 벌벌 떠는 친구들이 있을 정도였다. 그런데 지금은 교수님과 나누는 대화가 매우 편하고 즐거웠다. 물론 세월도 많이 흘렀고, 나도 스무 살의 학생이 아닌 그만한 나이의 자식을 둔 학부모가 된 탓도 있겠지만.

통화를 끝낼 무렵 교수님께서 즐거운 제안을 하나 하셨다.

"신 대표, 이번 주는 나무농장으로 오지 말고 읍내로 와요. 내가 그날 읍내에 볼일이 있거든. 그리고 거기 가면 칼국수 집이 하나 있는데 싸고 아주 맛있어. 내 거기서 점심을 대접하리다."

교수님께서 불러주신 칼국수 집의 상호를 받아 적은 뒤 전화를 끊었다.

며칠 뒤, 교수님이 알려주신 칼국수 집으로 찾아갔다. 교수님께서도 이제 막 도착하셨는지 식당 문 앞에 서 계셨다. 교수님은 편해 보이는 면바지에 역시 편해 보이는 셔츠를 입으시고, 이제는 트레이드마크와도 같은 멜빵을 차고 계셨다. 그 위에 경쾌한 색상의 점퍼를 입으시고 머리에는 체크무늬 베레모를 쓰고 계셨다. 반갑게 인사를 한 뒤 교수님을 모시고 식당으로 들어섰다.

자리를 잡고 앉았는데 워낙 장사가 잘되는 집이라 그런지 종업원들의 태도가 별로 좋지 않았다. 손님이 왔는데도 인사도 하지 않고, 자리에 앉은 지가 한참이나 지나도록 물컵이나 메뉴판도 가져다주지 않았다. 참다못해 내가 큰소리로 종업원을 불렀는데, 돌아온 대답은 "왜 그렇게 불러대세요. 조금만 기다리세요"란 말뿐이었다.

그때부터 나는 교수님의 안색을 살폈다. 과거 학창 시절에 경험했던 바로는 교수님의 성격이 엄청 급하셨기 때문이다. 언제 버럭 화를 내고 일어나실지 몰라 안절부절못했다. 평생 어디를 가도 VIP 대접을 받으시며 살아오신 분인데, 꿔다놓은 보리짝 취급을 하는 식당의 불친절을 얼마나 참아내실 수 있을지 걱정이 되었다. 다행인지 불행인지 내가 걱정하는 일은 벌어지지 않았다. 오히려 교수님은 여유로워 보이셨다.

"저 양반들, 내가 이렇게 차려입고 오니까 나이 든 동네 노인네가 밭일하다가 밥 먹으러 온 줄 알아. 내가 저기 텔레비전에 나오는 저 사람을 제자로 두고 C학점, F학점 막 뿌렸다는 걸 알면 깜짝 놀라겠지? 하하하."

마치 암행어사가 자기 신분을 잘 감추고 탐관오리가 있는 관아에 잠입하는 데 성공하기라도 한 것처럼 재미있어 하셨다. 교수님이 손으로 가리키는 식당의 TV에서는 뉴스가 나오고 있었고, 나보다 몇 학번 위 선배인 모 기업 CEO가 등장해 인터뷰를 하는 중이었다. 나는 속으로 안도의 한숨을 내쉬었다.

얼마 안 있어 음식이 나왔다. 다행히 교수님의 말씀처럼 주 메뉴인 칼국수는 어디에 내놔도 좋을 만큼 맛있었다. 잘 먹고 식사가 끝날 무렵, 식당 종업원이 자리를 비우고 없는 틈을 타서 교수님께 조용히 종업원이 계속 불친절해서 교수님이 화를 내시지 않을까 걱정했던 일들을 말씀드렸다. 그런데 교수님은 마치 남 이야기하듯 대수롭지 않게 웃어넘기시는 것이었다.

"그래? 조금 그랬지? 하하. 이 집이 원래 그래. 다 좋은데 손님대접을 영 안 한단 말이지. 하하!"

최근 나는 새로운 자리에서 새로운 일을 시작한 터라 신경 쓸 일이 한두 가지가 아니었다. 그렇다 보니 바쁘고 고된 일에 어느 정도 내성이 쌓여 있다고 생각해왔음에도 조금씩 쌓인 스트레스가 어느새 상당한 수준이 된 듯했다. 알 수 없는 피로감과 짜증이 늘어가는 것이 느껴지곤 했다. 때문에 나는 아까 밥을 먹을 무렵부터 내심 오늘의 수업 주제는 '삶의 스트레스와 그를 이겨내는 방법'으로 정해놓고 있었다. 마침 질문을 던지기 좋을 듯했다.

"교수님, 저는 웬만하면 사소한 일에 크게 스트레스 받지 않고 살려고 노력하는 편입니다. 지금까지는 잘 그래왔고요. 그런데 교수님은 저보다 더 스트레스 안 받고 사시는 것 같아요."

그런데 교수님으로부터 돌아온 답변은 뜻밖이었다.

"나? 나만큼 스트레스 많이 받고 산 사람도 없지. 하하. 난 스트레스 받으면 잠을 못 자는 성격이라니까?"

답변을 마치신 교수님은 얼른 일어나 계산을 하신 후 식당 밖으로 나가셨다.

한 발 물러서기

날씨가 참 좋았다. 한여름 날씨에 해는 많이 뜨거웠지만, 늘어선 가게 입구마다 모자의 챙처럼 앞으로 쭉 뻗은 차양들이 만들어내는 그늘의 레드카펫 위를 걷고 있자니 제법 걸을 만했다. 가끔씩은 시원한 바람까지 불어오곤 했다. 얼마간 걷다 보니 작은 사거리 한 모퉁이에 위치한 자그마한 가게 입구에 매여 있는 개 한 마리가 평상 밑 그늘에 축 늘어져 낮잠을 자고 있었다.

"내가 언제 한번은 저게 그렇게 부러웠어."

교수님은 잠에 취해 있는 개를 보며 말씀하셨다. 나는 '설마 농담이시겠지'라고 생각했는데, 교수님의 표정을 보니 그게 아니었다. 교수님은 진심으로 과거에 '잠에 푹 빠져들 수 있는 상태'를 부러워한 적이 있었다며 옛이야기를 하나 들려주셨다.

"내가 미국에서 유학할 때였어. 가난한 나라에서 어렵게 공부하러 왔는데, 미국 전역에서 난다 긴다 하는 수재들과, 그것도 영어로 겨뤄야 하다 보니 내가 얼마나 중압감이 들었겠어? 정신이 늘 팽팽한 게 날이 서 있었어요. 거기다 읽어야 할 책과 자료들은 얼마나 많았는지. 근데 또 교수님들이 외국인이라고 절대로 안 봐줘. 당시에 한국 유학생이 많기나 했어? 도움 받을 사람도 없고, 하나서부터 열까지 다 나 혼자 해야 돼. 그러니 내가 진짜 스트레스를 많이 받았어. 그러다가 결국 탈이 난 거라. 잠이 안 오는 거야."

스트레스가 극에 달하니 잠을 잘 수 없으셨다고 한다. 처음 얼마간은 잠을 못 자는 만큼 공부할 수 있는 시간이 늘어나서 좋다고 생각했지만, 그러한 불면의 밤이 계속되자 몸에 이상이 생겼다.

"그때는 정말 돈도 없었고, 시간도 아까워서 내 병원은 안 가려고 했거든. 그런데 계속 이러고 있다가는 공부를 마치기 전에 내 인생이 끝나겠다 싶어서 정식 병원은 아니고, 학교 안에 있는 일종의 보건소 같은 곳엘 갔어."

파견 나와 있던 레지던트가 교수님의 몸 상태를 살피고 최근 생활 패턴에 대한 얘기를 들더니, 계속 이 상태로 가면 몸이나 정신이나 어느 한쪽이 심각한 손상을 입을 수 있다고 경고했다고 한다. 그러면서 약을 처방해주었는데, 다름 아닌 다량의 근육 이완 성분이 함유된 수면제였다고 한다. 얼마나 독한 약인지, 처방전에 따라 약을 조제해주던 의사가 정해진 양 이상을 넘어가면 목숨을 잃을 수도 있다면서, 정해진 양만 먹더라도 잠에서 깨면 잠시 동안은 비몽사몽하는 기분이 계속 유지될 수 있다고 설명해줬다고 한다. 과도한 스트레스로 인한 불면증과 그로 인한 몸의 이상 반응이 단순히 수면제 한 알로 해결될까 하는 생각에 반신반의했지만, 더 이상 스트레스로 잠을 못 잤다가는 정말로 큰일 날까 싶어서 눈 딱 감고 수면제를 삼키셨단다. 그랬더니 거짓말처럼 잠에 빠져드셨다고.

"그런데 말이지……. 진짜 얼마 안 있으니까 더 이상 수면제를 먹지 않아도 될 정도로 몸 상태가 좋아지는 거 아니겠어? 그 다음부터는 잠도 잘 자고, 잠자는 시간이 늘어났어도 잠을 못 잤을 때보다 공부도 더 잘되고 더 많이 하게 되더라니까. 어떻게 보면 그 수면제가 나를 한두 발 물러서게 해준 셈이지. 인생을 살다 보면 별의별 일이 다 있잖아요? 힘든 일도 있고, 골치 아픈 일도 있고, 고민되는 일도 있고."

"그렇죠. 그 때문에 싸우고 헤어지고, 심지어 자살까지 하는 극단적인 선택을 하는 사람들도 생기고요."

"그래. 그런데 그런 것에 바로 부딪혀봤자 해결이 안 돼. 오히려 문제는 해결되지 않고 자기 건강만 해쳐요. 그런 상황이 다시

스트레스로 작용해서 더 힘들고, 더 골치 아프고, 더 고민이 되어버리거든. 그럴 때는 그런 현실로부터 한두 발 물러서는 것이 좋아. 세상만사가 꼭 눈앞에 닥친 것만은 아니다 그거지. 너무 좁게 보지 말고 유연하게 돌아갈 필요도 있어요. 가끔은 멀리서 보는 게 잘 보이기도 하잖아? 그 안에 빠져 있으면 보일 것도 안 보여. 그럴 땐 그냥 좀 떨어져 있어도 괜찮아."

내 안의 나를 관리하라

한 발 물러서기

단순하고, 어찌 보면 아무데서나 들을 수 있는 흔한 말이었지만, 그것만큼 핵심을 정확히 짚은 해결책도 없었다. 나의 경우는 '극단적인 물러서기'를 통해 스트레스를 해결한 경험이 있다.

컨설팅 회사에서 프로젝트 매니저로서 큰 규모의 프로젝트를 총괄하고 있을 때였다. 고객에게 결과물을 제시하기로 한 날짜는 하루하루 다가오고 있는데, 어떻게 자료들을 정리하고 결론을 도출해서 제언을 할지 방향을 못 잡고 있었다. 자려고 누워도 이런저런 생각들로 자꾸 머릿속이 복잡해지면서 열이 났고, 전에 없던 불면증까지 생겼다. 오죽하면 머리를 자르러 3주 만에 간 미용실에서 담당 미용사가 "그새 흰머리가 왜 이리 많이 생기셨어요?"라며 걱정해줄 정도였다. 예전에 중국 역사서에 나오는 "충신이 나라 걱정에 하루 만에 머리가 백발이 되었다"라는 문장을 읽고 중국 사람의 허풍을 비웃은 적이 있는데, 그게 완전한 헛말이 아니라는 사실을 직접 경험하게 된 셈이다.

그때 내가 택했던 방법이 '극단적인 물러서기'였다. 날짜는 계속 지나고 있었고, 일의 진척은 여전히 더뎠다. 하루가 멀다 하고 새로운 문제들이 생겨났다. 그러다 문득 이런 생각이 들었다.

'프로젝트 하나 망친다고 회사에서 잘리나? 아니잖아. 그리고 설혹 잘린다고 한들 죽는 것도 아니고. 그런데 계속 이렇게 스트레스만 받다간 진짜 죽을 수도 있겠다.'

그랬더니 신기하게도 일이 잘 풀렸다. 우선 한동안 나를 괴롭히던 불면증이 사라졌다. 그리고 잡념이 사라지면서 프로젝트에 더욱 집중할 수 있게 되었다. 걱정했던 것과 달리 프로젝트를 성공리에 잘 마칠 수 있었고, 나는 내 경력에 멋진 포트폴리오를 하나 더 추가할 수 있게 되었다. 나는 이런 나의 경험을 '극단적 스트레스 해소법'이라고 해서 후배 컨설턴트들에게 들려주곤 했다.

"심하게 스트레스를 받을 땐 이렇게 스스로에게 질문해 봐. '내가 이것 때문에 죽을 수도 있나? 진짜 그런가?' 그러면 그 순간 나를 괴롭히던 그 일이 아주 하찮은, 노력하면 극복할 수 있는 문제로 바뀌거든. 설사 극복하지 못해도 괜찮아. 그 때문에 내 인생이 크게 바뀌지는 않거든. 우리 인생이 그래. 스트레스

받아서 끙끙댈 시간에 차라리 스트레스를 주는 그 문제를 해결하기 위해 노력하는 편이 더 나아."

나는 이러한 내용을 교수님께 말씀드렸다. 그랬더니 교수님께서도 고개를 끄덕이셨다.

"옳은 말이야. 일전에 내가 얘기했는지 모르겠는데, 우리 부모님이 옛날 분들치고는 꽤 장수를 하셨어. 아버지께서 아흔여섯, 어머니께서 여든여덟에 돌아가셨으니까. 그런데 그런 부모님을 모시고 살면서 제일 무서운 게 뭔 줄 알아요?"

"글쎄요, 암이나 심장병입니까?"

"폐렴. 아이들이야 감기 걸리면 조금 앓다가 금세 낫는데 노인들은 한번 감기 걸리면 쉽게 폐렴으로 번져. 폐에 염증이 생긴 게 폐렴이니 당연히 열도 나지. 애들이야 열이 나면 금방 표가 나. 그런데 노인들은 다르거든. 열이 39도, 40도까지 올라도 티 나지 않는 경우가 흔해. 그냥 단순한 감기 몸살인가 보다 하고 넘어가다간 큰일이 생겨요. 목숨을 잃게 되는 경우도 왕왕 있거든. 우리 아버지도 몇 번 그런 위기를 겪으셨어. 열이 40도까지 오르는데도 티가 안 나니까 병원에 가시자 해도 안 간다고 버티시는 거야. 겨우겨우 억지로 모시고 갔는데, 안 그랬으면 큰일 날 뻔했어."

스트레스와 스트레스 해소를 위한 한 발 물러서기 이야기를 하다 말고 왜 갑자기 노인들 건강 문제를 말씀하실까 하는 궁금증이 생겼다. 그 궁금증은 곧이어 하신 말씀으로 단숨에 풀렸다.

"스트레스도 마찬가지야. 건강을 해치고, 인간관계를 해치고, 심할 경우는 자기를 죽이는 극단적인 선택을 하도록 만드는 심각한 '자기 파괴 행위'를 가져오거든. 그런데 그게 얼마나 심각한 상황인지 여간해서는 겉으로 잘 드러나지 않는다는 말이지. 열과 마찬가지로 나이 들수록 더 드러나지 않게 되고."

"아무래도 감정 절제랄까, 인내심이나 타인에 대한 배려, 겸양 같은 것들이 나이 들수록 커지는 경향이 있으니까요. 또 그래야 한다고 생각하기도 하고요."

"그렇지. 우리 때 사람들이야 어디 가서 큰 소리로 울고 웃고 하면 경박한 사람이라는 소리를 들었으니까. 그때 필요한 것이 자기 스스로 열을 재고, 아 내가 지금 열이 많이 올랐으니 얼른 식혀야겠다, 아직까지는 괜찮으니 조금 더 참고 이겨내야겠어 하는 식의 자가 진단이지."

교수님과 나는 계속 스트레스의 종류와 이를 해소하는 방법 등에 대해 이야기를 나누며 시장 거리를 얼마간 걸었다. 날은 여전히 더웠다.

그런데 갑자기 교수님께서 갈 곳이 있다며 앞장서셨다. 햇볕이 따가우니 챙 달린 모자를 하나 사주시겠다는 것이었다. 모자

가게는 식당에서 얼마 떨어지지 않은 곳에 있었다. 가게 주인과는 예전부터 알던 사이이신지 반갑게 인사를 주고받으셨다. 그런 다음 본격적으로 모자 고르기에 나섰다. 이것도 써보고, 저것도 써보고, 이건 이래서 낫고, 저건 저래서 별로고. 마침내 모자 고르기가 끝나고 모자 값을 지불해야 하는데, 에누리를 얼마 정도 할 것이냐를 두고 가게 주인과 교수님이 맞섰다. 결국 두 분 모두 '한 발 물러선' 금액에서 기분 좋게 합의가 이뤄졌다.

"것 봐, 한 발씩 물러나니까 짜증날 일도 없고 얼마나 좋아? 하하하. 신 대표, 모자 진짜 잘 어울리는데?"

한 발 물러서기. 참 쉬운 말이지만 실행하기가 마음처럼 쉽지 않다. 하지만 그만큼 우리 삶에 꼭 필요한 방식이 아닐까 싶다. '삶과 죽음의 기로'에 서 있는 우리에게 그것은, '밝은 삶' 쪽으로 인도하는 귀한 삶의 지혜일 테니까 말이다.

| 여섯 번째 수업 |

누가 진짜 내 사람인가

단풍보다 더 단풍 같은 나무

한여름 혹서(酷暑)에 지쳐 힘겨워하던 때가 바로 엊그제 같은데, 어느덧 아침에 창을 열면 서늘한 바람이 밀려들어와 오래 버티기가 힘든 계절이 되어 있었다. 거리에 나서면 몇몇 패셔니스타들은 더 추운 날을 기다리지 못하고 벌써 가죽 재킷에 긴 머플러로 한껏 멋을 낸 채 거리를 활보하고 있었고, 쇼윈도의 마네킹들은 이미 한겨울 옷들로 치장하고 있었다.

나 역시 연간 계획을 다시 한 번 살펴보고, 조금 이르긴 하지만 연말 성과를 점검하는 시간을 가졌다. 연말까지 이제 얼마 남지 않았다. 새해 첫날로부터 지나온 시간이 남은 시간보다 더 많은 계절이 된 것이다.

한참 연말까지의 일정을 정하느라 바쁜데, 직원 한 명이 내 방 문을 두드리고 들어와도 되느냐고 물었다. 이제 겨우 시간을 내어서 일을 시작한 참이라 가급적이면 그냥 가주었으면 하는 마음이 간절했지만, 문을 두드리는 소리와 조심스레 몸을 들이미는 직원의 표정이 그런 내 마음과는 달리 "그래. 들어와"라고 대답하게 만들었다.

그 직원은 최근 뛰어난 성과를 보이던 중이었다. 일반적으로 탁월한 인재라고 하면 재능과 성실함이 가장 크게 요구되는데, 이 두 요건이 한꺼번에 발휘되는 사람은 극히 드물다. 재능이 탁월하면 성실함이 좀 떨어지거나, 성실하고 근면하면 재능이 좀 부족한 경우가 대부분이다. 그런데 이 직원은 달랐다. 재능도 있으면서 늘 다른 직원들보다 한발 더 뛰고, 1분이라도 더 고민해서 성과를 만들어내는 성실함도 있었다. 때문에 나와 오랜 시간 같이 일하지는 않았지만, 함께 일하는 동안만큼은 진심으로 잘 대해주고, 많이 가르쳐주려고 노력했다. 적어도 내 생각은 그랬다.

그런데 그 직원이 꺼낸 말은 다름 아닌 퇴직 의사였다. 이번 달까지만 근무하고 퇴사하겠다는 것이었다. 상의가 아닌, 이미 퇴사 날까지 확실하게 정해둔 담담하지만 확고한 통보. 이런 경우는 대부분 옮길 곳을 정해놓은 터라 더 이상 설득을 하고 말고 할 여지가 없었다.

"일단 일주일 정도만 더 생각해보고 다시 이야기하지. 나도 그동안 생각을 좀 해볼 테니."

누가 보아도 현실 타협적이고 어중간한 답변을 해서 돌려보내는 수밖에 없었다. 그랬더니 곧바로 다른 직원이 내 방 문을 두드리며 들어섰다. 마치 둘이서 짜기라도 한 것 같았다.

이번에는 눈살이 찌푸려졌다. 아까처럼 할 일이 많은데 시간을 뺏기는 것이 아까워서가 아니었다. 문을 열고 들어서는 직원 때문이었다. 솔직히 말하자면, 이 친구는 방금 전 퇴직 통보를 하고 간 직원과는 달리 먼저 퇴직 의사를 밝혀줬으면 하는 마음이 드는 직원이었다. 함께 일한 지가 꽤 되었음에도 전혀 발전이 없었기 때문이다. 처음 몇 번이야 일이 손에 안 익어서, 경험이 부족해서 그러려니 했다. 하지만 이후에도 업무상 실수가 잦았고, 개선되는 부분도 거의 없었다. 그러다 보니 함께 일하는 동료들에게 그 피해가 돌아가고 있었고, 그 때문에 소속 팀의 사기 또한 말이 아니었다. 팀장이 수도 없이 다그치고 혼도 내보고, 나 역시 기회가 있을 때마다 불러서 따끔하게 주의를 주기도 하고 따뜻한 말로 격려해보기도 했지만, 그때만 반짝 달라질 뿐 얼마 안 가서 또 문제를 일으키곤 했다. 그러니 얼굴만 봐도 짜증이 날 수밖에.

혹시나 이 친구도 퇴직하겠다는 이야기를 하러 온 것은 아닌가 싶은 기대감에 들어오라고 말했다. 하지만 그가 꺼낸 말은 퇴직 의사가 아닌 팀장에 대한 불평이었다. 그러면서 팀장을 바꿔주든지, 자신을 다른 팀으로 보내달라는 뜨악한 요청까지 해댔다.

고민이었다. 내 나이쯤 되면 어떤 조직 내에서든지 나보다 윗사람, 연장자는 찾아보기가 힘들다. 주로 아랫사람, 연소자가 많은 것이 일반적이다. 그만큼 사람에 대한 고민도 이전과 비교

할 수 없을 정도로 깊어진다. 데리고 일하는 직원이 많아지면 더욱 그렇다. 산술적으로 따지긴 어려워도 직원이 많아질수록 사람에 대한 고민도 기하급수적으로 늘어나곤 했다. 단순히 사람이 한 명 늘었다고 문제가 하나씩 늘지 않기 때문이다. 그 사람과 주변 사람들의 관계 형성에 따라 추가적인 문제가 생겨나고, 그에 따라 고민도 같이 늘어나는 것이다. 무엇보다 사람에 관한 문제는 똑같은 것이 하나도 없었다. 문제마다 다 달랐다. 당연히 해결방안도 다 달라야 했다. 그나마 해결방안이라고 내놓은 것이 별 소용없는 경우도 흔했다.

이리저리 에둘러 말은 했지만 뾰족한 수가 생각나지 않았다. 그러는 사이 어느덧 농장으로 출발해야 할 시간을 넘기고 말았다. 어쩔 수 없이 아까처럼 어중간한 답변만 하고 직원을 돌려보냈다.

"일단 일주일 정도만 더 생각해보고 다시 이야기하지. 나도 그동안 생각을 좀 해볼 테니."

그리고 하던 일을 대충 정리하고, 서둘러 차를 몰아 농장으로 갔다.

농장에 도착하니 이미 교수님은 작업복으로 갈아입으시고는 나무숲 안쪽으로 향하신 뒤였다. 나는 내 몫으로 보이는 작업복과 장화를 서둘러 장착한 후 교수님의 진돗개들이 신명 나게 짖어대는 소리가 나는 쪽으로 재빨리 뛰어갔다.

교수님은 농장 관리인 분과 함께 나무 무리 앞에 서 계셨다.

도착한 지 얼마 안 되신 듯 작업은 하지 않으시고 나무숲 사이로 난 길 위에 서서 눈앞의 나무들만 물끄러미 바라보고 계셨다. 그런 교수님의 시선을 따라가니 "불이야!"라고 소리 질러도 좋을 만큼 새빨간 잎이 무성한 나무들이 보였다.

"복자기나무야."

어느새 교수님이 내 옆으로 다가오셔서 같이 새빨간 나무를 쳐다보며 이름을 알려주셨다.

"단풍이 아니고요?"

"단풍나무의 일종이긴 한데, 엄밀히 말하면 단풍은 아니지."

"그렇군요."

"여기를 봐봐. 보면 알겠지만, 이 나무가 단풍보다 더 붉게 물들어. 그래서 단풍보다 더 단풍 같이 보이거든. 덕분에 많은 사람이 단풍나무와 헷갈려 해요."

다른 때 같았으면 "재미있는 나무네" 하고 웃고 말았을 텐데 이날만큼은 아니었다. 머릿속이 복잡해서인지 좋은 말이 나오지 않았다.

"나무도 사람처럼 겉으로만 그럴듯해 보이는 게 있나 보군요."

"사람처럼?"

"예. 사람도 그렇지 않습니까. 겉보기에는 괜찮은데 실제 같이 있어보면 속 빈 쭉정이 같은 사람도 많잖아요."

"하긴. 뭐 그렇긴 해."

"정보화 사회라 그런지, 온갖 정보가 범람하다 보니까 예전보다 가짜가 진짜 흉내 내기가 쉬워진 것 같아요. 자기 본심을 감추고 숨기는 것에도 점점 더 능해지는 것 같고. 그러다 보니 진짜 인재와 가짜 인재를 구별하는 일도 점점 어려워집니다."

진심이었다. 비단 오늘 회사에서 있었던 일뿐 아니었다. 직원 채용 면접 때 면접관으로 들어갔을 때도 그랬고, 사업차 만난 거래처 사람이나 관련 업계 사람들을 만났을 때도 그랬다. '진짜 내 사람'을 찾기가 점점 더 어려워지고 있다는 생각이 들었다. 단풍보다 더 붉게 물든 저 복자기나무처럼 말이다.

위험한 논문

교수님과 나는 진짜 단풍과 가짜 단풍이 어우러진 나무숲을 걸었다. 진짜 단풍은 아직 제철보다 조금 이른 계절이어서 그런지 색이 들기 전이었다. 하지만 가짜 단풍은 단풍보다 더 짙은 붉은색으로 물들어가고 있었다.

먼저 말문을 연 사람은 교수님이셨다.

"왜 지난번에 우리가 나눈 이야기 있지? 스트레스 말이야. 내 그때는 생각이 안 나서 말을 못했는데, 내가 진짜 엄청나게 스트레스를 받았던 적이 있더라고."

뜻밖에도 지난번 이야기와 연결되는 말씀이었다.

'교수님께서 엄청난 스트레스를 받으신 적이 있었다니, 무슨 일이셨을까?'

나도 모르게 궁금증이 일어나서 방금 전까지 묻고 싶었던 주제, '내 사람을 선별하는 방법'과 '진짜 인재와 가짜 인재를 판별하는 방법' 등은 잠시 잊은 채 잠자코 교수님 말씀을 듣고만 있었다.

"내가 워싱턴 대학교(University of Washington)에서 박사 과정을 밟고 있을 때였어. 그때 우리 학교에 사이프리드(Warren R. Seyfried) 교수라는 분이 계셨거든? 이 분의 연구 활동을 도와서 워싱턴 주의 투입산출표(Input-Output Table)를 작성했어요. 이게 뭔가 하면, 한 나라 또는 한 지역에서 일정 기간 동안 각 산업이 생산한 재화와 용역이 각 산업 간에 어떠한 모양으로 분배되었는가를 일괄적으로 산정하기 위해 작성하는 통계표야. 관련 연구를 하기 위해서 반드시 작성해야 하는 기초 자료인데, 자칫 어설프게 접근하면 결과가 엉망이 되어버려서 아주 골치가 아픈 작업이었어요. 근데 이게 나 혼자 작업해서는 안 되고, 매일 사이프리드 교수를 만나서 자료를 정리하고 계산해서 보여줘야 돼. 사이프리드 교수가 이 자료가 적합한지 아닌지 적합성

여부를 최종적으로 판단해줘야 작업이 끝나는 식이었거든. 이러니 누가 하고 싶었겠어? 박사 과정에 있는 많은 연구원이 이런 핑계, 저런 핑계를 대면서 피하고 싶어 했지. 그래서 내가 했어요. 피하지 않고, 그 누구보다 더 꼼꼼하고 치밀하게 했어. 무슨 일이 있어도 잘 이해되지 않는 부분은 계속 물고 늘어져서 꼭 해결하고. 내가 이렇게 근성 있는 모습을 보이니까 사이프리드 교수도 날 아주 신임하게 됐어요. 근데 그때 그 일이 터져버린 거야. 내가 진짜 엄청나게 스트레스를 받았어."

대체 얼마나 대단한 일이었기에 교수님께서 몇 번이고 엄청난 스트레스였다고 하시는 건지 무척 궁금했다.

"박사 과정이 끝날 무렵 논문 심사가 시작되었는데, 심사위원 중 한 교수님이 심근경색으로 갑자기 병원에 실려 가신 거예요. 입원하신 거지."

갑자기 나도 눈앞이 하얘졌다. 보통 박사학위 논문은 관련 분야의 교수 여러 명이 박사학위 심사위원회를 구성해 심사하게 된다. 심사위원회는 통상 위원장, 부위원장 각 한 명에 약 세 명 가량의 위원으로 구성된다. 여기서 심사를 거쳐 심사 과정에서 나온 지적 사항을 보완 및 수정해서 다시 심사를 신청한다. 이런 과정이 반복되면서 박사학위 취득이 이루어진다. 문제는 중간 과정에서 심사위원이 바뀌면 새로운 위원이 논문을 읽고 검토해야 하는 시간이 필요해 시간이 더 걸릴 뿐 아니라, 심지어는 지금까지와는 다른 방향이 제시되거나 예상치 못한 지적을 당할 수 있다는 것이었다. 학위논문 심의 기간이 터무니없이 길어지거나, 최악의 경우 논문을 다시 쓰는 상황이 발생할 수도 있었다. 교수님께서 엄청난 스트레스라고 하신 것도 과언이 아니다.

"그때 머릿속에 사이프리드 교수가 확 떠오르는 거야. 함께 연구 활동을 하면서 깊은 친분을 쌓았을뿐더러, 내가 틈틈이 내 박사 논문 주제랄까, 연구 진행 방향 등에 말씀도 드리고 조언도 구했거든. 그러니까 내 논문을 읽고 검토하는 데 그리 시간도 안 걸릴 거고. 사이프리드 교수가 딱 적임자였어. 그런데 말이지…… 문제가 하나 있었어. 박사학위 심사위원회 위원장이자 내 지도교수였던 존슨(Richard Johnson) 박사하고 세상에 그런 앙숙지간이 없을 정도로 사이가 안 좋았던 거야. 두 사람 다 다른 사람들한테는 호인 중의 호인으로 명성이 높았거든? 근데 이상하게 두 사람 사이에 묘한 감정 다툼이 있었어요."

갈수록 첩첩산중이었다. 이제는 교수님의 이야기에 완전히 빠져들어서 교수님께서 이 난국을 어떻게 헤치고 박사학위를 취득하셨는지에 관심이 쏠렸다.

"그런데 신기하게도 어느 날 존슨 박사가 나를 부르시더니 이러는 거야. 자네 사이프리드 교수와 연구를 같이 해서 친하다고 하지 않았냐고. 그에게 논문 심사위원이 되어달라고 부탁해보면 어떻겠냐고. 존슨 박사가 먼저 그런 제안을 해주는 바람에 내가 다 놀랐다니까. 뭐 자긴 사이프리드 그 인간이 마음에 안 든다고 사족을 붙이긴 했지만 말이야. 그래서 사이프리드 교수를 찾아가 불편하시겠지만 혹시 제 논문 좀 봐주실 수 있겠느냐고 물었어. 그랬더니 흔쾌히 나를 위해 기꺼이 심사위원회 위원으로 참여해주겠다고 하더라고. 뭐 이 양반도 자긴 존슨 그 인간이 마음에 안 든다고 사족을 붙이긴 했지만 말이야."

사이프리드 교수는 논문을 꼼꼼하게 읽은 뒤 몇 가지 부분에서 자신의 견해와 다르거나 잘 이해되지 않는 내용이 있다면서 가슴을 졸이게 했지만, "미스터 곽, 큰 문제는 없으니 당신을 위해 그냥 넘어간다"라며 서양인에게 볼 수 없는 면모를 보여주며 논문 심사지에 오케이 서명을 해주었다고 한다. 덕분에 자칫하면 몇 달 넘게 끌 수 있었던 논문 심사가 단 두 시간 만에 끝났다고 한다.

"그때만 생각하면 내 지금도 가슴이 벌렁벌렁해요. 하마터면 곽 박사가 아니라 곽 석사로 귀국할 뻔했단 말이지. 하하하."

교수님의 흥미진진한 박사학위 취득기를 들으며 걷다 보니 어느새 집 뒤편에 지어놓은 개집 앞까지 다다랐다. 교수님께서는 창고에서 사료 부대를 가져와서는 개 밥 그릇에 한가득 담아 주셨다.

진짜와 가짜를 구분하는 법

"이 녀석들이 얼마나 똑똑한가 말이지……."

대한민국에서 가장 많이 팔린 수학 참고서로 지금까지도 깨지지 않는 기록을 보유 중인 참고서 출판사의 회장이 선물로 주었다는 순종 진돗개 두 마리는 교수님이 다가가자 반가워서 꼬리를 사정없이 흔들었다.

"보통 개들은 생판 모르는 사람이라도 먹이를 몇 번 가져다주면 제 주인으로 알고 나중에 따르는데, 이 녀석들은 내가 이렇게 오랜만에 한 번씩 들러서 먹이를 줘도 나를 주인으로 알고 나만 따르지. 와서 목줄을 풀어주면 얼마나 좋아들 하는지……."

그 사이에도 개들은 교수님의 발등을 핥고, 몸에 발을 올려 장난을 치고, 이리 돌고 저리 돌며 교수님의 관심을 끌기 위해 부산스러웠다. 대부분의 짐승은 먹이와 채찍으로 간단하게 주종관계가 형성되고 행동을 제압할 수 있다고 들었는데, 의외였다.

"개들도 똑똑한 녀석들은 사람의 진심을 알아요. 가끔 찾아오더라도 진심으로 나를 아끼고 소중하게 생각해주는 사람이랑, 그저 의무감에 날마다 밥만 챙겨주는 사람이랑 누가 진짜 내 편이고 내 주인인지를 신기하게도 잘 안단 말이야. 늘 밥을 주는 것은 우리 농장 관리인이고, 나야 그저 일주일에 한두 번 챙겨줄 뿐인데 녀석들은 나를 잘 알아보고 반기지."

실로 그래 보였다. 농장에 몇 번 드나들면서 보니까 늘 개들의 사료를 챙겨주는 사람은 농장 관리인이었다. 그럼에도 가끔씩 개들이 농장 관리인에게 으르렁대거나 대드는 경우가 있었다. 하지만 가끔씩 들르는 교수님에게는 절대로 그런 법이 없었다.

오히려 볼 때마다 반가워서 함께 놀고 싶어서 난리였다. 오늘도 예외는 아니었다.

호들갑을 떨며 장난을 걸고 있는 개들의 머리를 쓰다듬으며 교수님은 말을 이으셨다.

"그런데 말이야, 개도 아니고 인간을, 그것도 진심으로 대하지 않고 먹이로 통제할 수 있다고 착각하니까 문제가 생기는 거야."

순간 나는 한여름에 급하게 빙수를 먹다가 머리가 깨질 듯 아리고 멍한 상태가 된 것마냥 움찔했다. 그러면서 오늘 내 방으로 찾아왔던 두 명의 부하직원이 떠올랐다. 물론 나는 단 한 번도 그 친구들을 먹이, 즉 급여나 보너스로 통제할 수 있다고 생각해 본 적은 없었다. 오히려 수많은 컨설팅을 해오면서 혹여 클라이언트 중에 그런 방식으로 기업을 경영하려는 사람이 있다면 그렇게 하지 말 것을 제안하며 앞장서서 막아왔다. 다만 내가 그들을 진심으로 대했는가 하는 부분에 대해서는 자신이 없었다. 혹시라도 내가 함께 일하는 사람들을 그저 부하직원으로만 생각한 것은 아닌지, 조직을 이루는 하나의 부품으로만 생각한 것은 아닌지 되짚어보게 되었다.

"물론 나야 사제지간이 엄격한 한국 사회에서 교육을 받았으니 그랬겠지만, 나는 진심으로 존슨 박사와 사이프리드 교수를 열심히 따르고 배웠어요. 반대로 내가 도와줘야 하는 부분이 있으면 성심성의를 다해 도와주었고. 무언가를 바라고 한 것도 아니야. 그냥 내 마음이 그랬어. 그랬더니 그런 것들이 쌓여서 내게 힘든 일이 닥쳤을 때, 도움이 필요할 때 다 돌아오더란 말이지."

진심으로 대하라
꾸준하게 대하라
먼저 도움을 주라

익히 들어왔고 이해하기 쉬웠지만 별로 실천해본 적이 없었다. 원래 단순한 진리가 행동하기 가장 어렵다고 하지 않은가. 어쩌면 너무나 당연한 이야기라고 생각하는 바람에 소홀히 여기고 있는 것은 아닌지 반성해볼 문제다.

"아, 참. 신 대표 아까 진짜 인재와 가짜 인재를 구분하는 방법을 물어봤었지?"

"네."

"간단해요. 진심을 다해봐요. 신 대표 관점에서가 아닌 상대방 관점에서. 이루 말할 수 없을 정도로 최선을 다하고 있다는 것을 상대방이 느끼도록 진심을 다해보는 거야. 그러면 진짜와 가짜 사이에 다른 반응이 나타날 거야. 가짜는 진짜를 만났을 때 언제고 그 정체가 드러나는 법이거든. 하하하."

교수님은 뭐가 그리 좋으신지 연신 개들의 머리를 쓰다듬으시며 계속 호탕하게 웃으셨다.

문득 사이프리드 교수와의 인연이 궁금해졌다. 그 이후로는 어떻게 되었을까? 역시나 진심을 다하던 사이는 시간이 지나도 그 관계가 퇴색되거나 약해지지 않은 듯했다. 교수님은 기분 좋은 추억을 회상하듯 사이프리드 교수와의 지난 인연을 떠올리며 말씀하셨다.

"언제 한번 이 제자가 크게 도움을 드릴 일이 있었지."

박사학위를 마치고 귀국한 뒤에도 두 분은 계속 연락을 주고받았다. 그러다 사이프리드 교수가 한국에서 연구와 강의를 해보고 싶다고 하자 교수님이 백방으로 수소문하여 그가 풀브라이트(Fulbright, 다른 국가에서 연구를 수행할 수 있도록 지원하는 장학 프로그램) 교수로 한국에 올 수 있도록 주선해주었다고 한다.

"그 사이에 그 양반이 환갑을 맞이했어. 객지에 나와 있으니 조촐하게 저녁이나 먹자는 것을, 내가 울긋불긋한 설탕과자랑 각종 과일을 탑처럼 쌓아올린 우리 식 전통 환갑상을 차려드리고 아들처럼 넙죽 큰절을 올렸지. 그랬더니 얼마나 좋아하시던지……."

그 모습이 눈에 선했다. 교수님이 말씀하신 진심을 다하는 사람 사이와 그 관계, 진짜 내 사람과 가짜 내 사람을 가르는 진심의 힘이 무엇인지 알 수 있었다. 문득 저 멀리 보이는 복자기나무의 잎이 아까보다는 훨씬 덜 붉은 듯이 느껴졌다. 그리고 진짜 단풍이 그리워졌다.

| 일곱 번째 수업 |

사랑, 그리고 결혼이란

결혼의 계절에 결혼을 생각하다

퇴직 의사를 밝혔던 직원은 결국 다른 곳으로 떠났다. 그 과정을 통해 나는 사람에 대해, 같이 일한다는 것에 대해서 많은 깨달음을 얻었다. 떠난 직원과는 모든 면에서 비교가 되었던, 성장 속도가 느린 직원 역시 크게 달라진 면이 없었다. 혹시나 해서 맡겨본 몇 가지 프로젝트도 그냥 그랬다. 하지만 나는 달라진 점이 있었다. 직원을 바라보는 관점. 그 직원뿐 아니라 모든 직원을 바라보는 관점이 변했다. 진심으로 대할 때 상대의 진면목이 드러난다는 교수님의 가르침이 큰 도움이 되었다.

언제 뉴스에서 들었는데, 지구 온난화의 여파인지 모르겠지만 우리나라의 기후가 점점 온대에서 아열대로 변하고 있다고 한다. 삼한사온(三寒四溫)은 이미 옛말, 봄가을은 흔적만 남고 여름과 겨울만 지나치게 길어져 '뚜렷한 사계절'은 이제 교과서에나 존재할 뿐이라는 것이었다. 실제로는 여름과 겨울, 그리고 환절기만 남았다는 것이다.

하지만 사람들의 인식은 아직도 3, 4, 5월을 봄으로 9, 10, 11월을 가을로 생각하는 듯했다. 예로부터 춥지도 덥지도 않은 이 시기에 결혼식이나 이사 같은 대사(大事)를 많이 치렀는데, 아직도 그런 듯했다. 최근 비서가 들고 오는 우편물의 거의 절반 이상이 전·현직 부하직원들의 청첩장이거나 지인들 자녀의 청첩장이었다.

하지만 결혼한다는 소식만큼이나 이런저런 경로를 통해 잘 살던 부부가 이제 남남이 되었다는 소식 역시 제법 들려왔다. 놀라운 것은 이혼 소식을 전해주는 사람이나 실제 당사자들이 과거에 비해 이를 터부시하는 경향이 눈에 띄게 줄었다는 점이다. 이날 역시 세 장의 청첩장을 받아들고 과거 직장 동료와 전화통화를 하다가 친했던 다른 직장 후배의 이혼 소식을 접하게 되었다. 청첩장을 확인하는데, 분명 몇 해 전에 결혼해서 잘살고 있는 걸로 알고 있던 후배의 이름이 적혀 있어서 혹시나 하는 마음에 소문에 밝은 동료에게 전화를 한 참이었다. 역시나 그 후배가 이혼한 뒤 다시 재혼하게 되어 청첩장을 돌린 것이라고 했다.

"허, 그것 참 재미있네……."

결혼을 했다가 여러 사정상 사이가 안 좋아져서 이혼을 하고, 그러다가 또 새로운 인연을 만나서 다시 결혼하는 거야 하나도 이상할 것이 없었다. 하지만 재혼식을 청첩장까지 돌리고 정식으로 치르는 경우는 처음이었다.

그런데 정작 문제는 이 세 장의 청첩장이 아닌 별도로 결혼 당사자가 직접 들고 온 한 장의 청첩장이었다. 막내 컨설턴트로 들어와서 내가 상사이자 멘토가 되어 이것저것 가르쳐주며 함께 일하던 친구였는데, 글쎄 결혼을 한다며 인사를 온 것이었다. 그것도 그냥 청첩장만 전해주러 온 것이 아니라 나로서는 들어주기 다소 난감한 부탁까지 하러 온 길이었다. 바로 자기 결혼식에 주례를 서달라는 것이었다.

처음에 나는 고개를 흔들며 손사래를 쳤다. 그런데 매우 간곡하게 몇 번이고 내가 꼭 주례를 맡아줬으면 한다는 말에 계속 거절하기가 힘들었다.

"그러면 일단 내가 하는 걸로 하고, 아직 결혼식까지 시간이 좀 남았으니 그 사이에라도 다른 적임자를 찾아서 부탁하도록 해."

결국 절충안 아닌 절충안으로 마무리하고 돌려보냈다. 참 기분이 묘했다. 사실 최근 들어 주례를 서달라는 부탁을 받는 경우가 늘고 있다. 그런데 나 스스로는 아직 그러기에는 젊은 나이라는 생각이 들어 이런 부탁을 받을 때마다 내가 나이가 들었나 싶어 서운한 마음도 들곤 한다. 한편으로는 내가 결혼 생활을 잘하고 있나 싶은 생각도 든다.

그런데 요즘은 사랑이란 말이, 결혼이라는 의미가 다소 달라진 것 같은 느낌도 받는다. 젊은 사람들 사이에서는 연애를 많이 해봐야 한다는 이야기도 들리고, 아까 말했던 것처럼 이혼과 재혼이 더 이상 숨길 만한 사건도 아니게 되었다. TV 드라마에서는 하루가 멀다 하고 사랑 이야기가 나오는데, 그 모습도 제각각이다. 그렇다면 지금 시대에서 사랑과 결혼이 갖는 의미란 무엇일까? 갑자기 진지한 고민에 빠져들었다.

신이 내린 선물

이렇게 사랑과 결혼에 대해 여러 가지 생각을 하면서 오다 보니 어느새 일규 농장 입구였다. 나도 모르게 안도의 한숨을 토했다.

"아이고야, 큰일 날 뻔했네."

어떻게 운전해 여기까지 왔는지 어안이 벙벙했다. 워낙 한 가지에 몰두하다 보면 다른 일은 까맣게 잊어버리는 성격이다 보니 간혹 이런 일이 생긴다. 한 시간 반 가까운 시간 동안 내 손과 발은 운전을 하고 있었지만, 내 머릿속은 '사랑과 결혼'이란 주제를 두고 한판 난타전을 치른 것이다. 어쨌든 무사히 도착해서 다행이었다.

차를 세우고 나서 보니 교수님이 보이지 않으셨다. 뒤편 공터에 차가 있는 것으로 보아 늘 그렇듯 나보다 먼저 도착하신 듯한데, 농장 안에서는 보이지 않으셨다. 아마도 집 안에 계신 듯했다. 노크를 하고 들어서니 항상 보던 농장 패션, 멜빵바지에 긴 고무장화를 신으신 모습이 아닌 평상복 차림이셨다.

"어서 와요. 겨울이 오기 전에 잠깐 서재랑 책장 정리 좀 하려고."

교수님은 집 안을 정리 중이셨다. 농장에 딸린 가옥이지만, 대학자가 자주 머무르는 곳답게 마루부터 방 안까지 책이 가득했다. 정리가 되지 않은 일부 책장만 다시 정리하고, 몇 가지 짐을 옮긴 뒤에 먼지를 쓸고 닦는 정도로만 생각하고 시작하신 일이었다고 하는데, 보아 하니 오늘 하루 종일 해도 쉽게 끝날 것 같지 않았다. 오랜 세월이 흘러 손이 닿으면 바스러질 것같이 삭아버린 옛 서적들과 엄청나게 두꺼운 영어 원서들로 가득한 책장을 다시 정리하는 일 자체가 하루 만에 끝날 일이 아니었다.

교수님을 도와서 한참 같이 정리하고 있는데, 문득 교수님 서재 벽에 걸린 사진 하나가 눈에 들어왔다. 교수님의 가족사진이었다. 교수님과 사모님, 자녀들, 사위와 며느리, 그리고 손주들과 함께 찍은 사진이었다. 그 사진을 보고 있노라니 아침에 받았던 후배의 재혼 청첩장과 주례를 부탁하고 간 부하직원이 떠올랐다. 그래서 불쑥 교수님께 질문을 드렸다.

"교수님, 우리 삶에 있어 사랑을 하고 결혼을 해서 가정을 꾸린다는 것은 어떤 의미일까요?"

조금 뜬금없는 질문이었지만 답을 해주시려는 듯 교수님께서는 마른 걸레로 마루에 놓인 천체망원경을 열심히 닦던 행동을 멈추고 생각에 잠기셨다. 그러더니 고민의 시간에 걸맞지 않게 짧으면서도 통속적인 답 하나를 툭 던지셨다.

"신의 선물."

어느 예식장에 가나 쉽게 들을 수 있는 판에 박힌 주례사의 한마디 같았다. 하지만 뒤이은 말씀은 달랐다.

"어떤 종교를 믿느냐와는 상관없이 신은 인간에게 많은 선물을 줘요. 가정은 그러한 신이 주신 선물 중에서도 최고의 조직적인 선물이지."

"조직적인 선물이라……. 무슨 뜻입니까?"

"가정이라는 게 단순히 하나의 선물이 아니라는 말이지. 가정이라는 잘 짜인 조직은 그 자체로 선물이야. 게다가 인간이 그 가정이란 것을 받아들이고 그 안에 머무를 때 얻게 되는 다양한 혜택과 감정적 배려까지 생각한다면 그야말로 종합선물세트지."

나는 퇴근하고 집에 도착해서 문을 열고 들어갔을 때 마주하게 되는 기쁨과 충만함을 떠올렸다. 아내의 환대, 평안한 저녁시간, 아이들과 함께 대화하고 놀면서 느끼는 행복감, 간혹 걱정스러운 일이 생기기도 하지만 가족의 사랑으로 극복하고 맞이하게 되는 평온함 등. 교수님의 말씀이 충분히 이해가 갔다.

하지만 사회의 변화에 따라 최근에는 1인 가구도 많이 생겼지 않은가. 혼자 사는 것에 불편을 느끼지 않는 사람도 많아졌고, 그에 맞게 외식 문화라든가 식품 포장도 달라지고 원룸 수요도 늘어가고. 교수님의 건전한 답변에 괜히 딴죽을 걸고 싶어졌다.

"그런데 교수님, 사회가 많이 달라졌잖습니까. 최근에는 굳이 가정을 꾸리지 않고도 행복하게 잘사는 사람들도 많잖아요. 괜히 가정을 꾸려서 지지고 볶고 다투다가 파국을 맞이하는 것보다 그냥 혼자 사는 편이 어떻게 보면 더 현명하고 바람직한 선택 아닐까요?"

교수님은 내 질문에 빙그레 웃으시더니 마른 걸레로 가족사진이 든 액자를 닦으며 말씀하셨다.

"뭐 나도 딱히 결혼이 필수다, 라고까지 이야기하는 건 아니에요. 안 하고도 충분히 잘살 수 있고 어떤 사람에게는 그 편이 낫기도 하겠지. 다만 가정이 없거나 가정을 안 만드는 것은 신이 준 최고의 선물 중에 하나를 향유하지 못하는 거니까. 뭐 선택은 자유니까 알아서 결정들 하면 되겠지. 선물이야 받는 사람이 받아서 좋아야지 의미가 있는 거니까. 그런데 굳이 신이 선물을 준다면 거부할 필요는 또 없지 않겠어요? 선물 하나 손해 보는 거지. 하하하."

교수님의 웃음은 언제 봐도 기분이 좋았다. 교수님 연배의 분들 중에서는 그렇게 웃음이 많고 환한 분을 찾아보기 힘들 것이다. 그런데 어느덧 교수님은 웃음기를 쏙 뺀 표정으로 뒷말을 이으셨다. 손에 쥐고 있던 마른 걸레도 어느새 다른 곳에 치워져 있었다.

"인간을 사회적 동물이라고 하지 않아요? 그런 인간이 만든 조직 중에서 가정처럼 치밀하게 잘 만들어진 조직은 없다고 봐요. 그런 조직의 혜택을 보려면 반드시 그에 합당한 대가를 치러야겠지. 근데 그렇지 않잖아? 사랑, 결혼, 가정 등 하늘이 주는 선물을 으레 주는 거려니 당연하게 여기고 그냥 '거저 주어지는 것' 정도로만 생각들 하잖아? 그러니까 내가 아무 노력을 하지 않아도 어디선가 운명 같은 사랑이 짠하고 나타나서 나를 바보 온달에서 온달 장군으로 만들어줄 것이라고 착각하고, 시녀인 나를 신데렐라처럼 공주로 만들어줄 것이라고 착각하는 거야. 그러다 보니 나는 아무것도 안 해도 되지만 상대방은 더 많이 해야 하고, 상대방보다 내가 우선이어야 하고, 그냥 내 생각만 하는 거야. 이게 얼마나 이기적이고 몰상식한 거예요? 사랑과 결혼이라는 것은 신이 준 좋은 선물이야. 대신 반드시 대가를 치러야 돼. 좋은 가정이 되려면 같이 즐겁고 같이 행복해야 하지 않겠어? 그러려면 내가 양보도 해야 하고 희생도 해야지. 그런 걸 명심해야 상대방을 제대로 바라볼 수 있는 눈이 생기고, 혹 관계에 문제가 생기더라도 극복할 수 있는 힘이 생기는 거지."

교수님의 입에서 주례사에 딱 어울릴 만한 멋진 이야기들이 줄줄 쏟아져 나오고 있었다. 나는 메모지에 급하게 받아 적느라 정신이 없었다. 그런 나를 배려하시는 듯 교수님은 잠시 말씀을 끊고 하시던 책장 정리를 마저 하시기 시작했다.

얼마 지났을까, 교수님은 손에 든 걸레를 욕실에 가져다 놓으신 뒤 벽에 걸린 가족사진을 보며 지나가는 투로 슬쩍 말씀하셨다.

"신이 준다는데 일단 받아봐야지. 그게 좋은 건지 나쁜 건지,

행복한 건지 괴로운 건지 알 수 없어서 불안하긴 하겠지만, 그런 건 나중에 따져보고. 그런데 난 좋더라고. 사랑도 가정도 다 좋았어. 하하하."

결혼을 하지 않는 이유는 저마다 다를 것이다. 경제적 능력이 없어서, 이상형의 배우자감을 만나지 못해서, 혼자 사는 것이 더 익숙하고 편해서, 주변의 결혼 실패 사례들을 많이 듣고 봐서 등. 그리고 그런 선택은 당연히 존중받아야 한다. 다만 '해도 후회, 안 해도 후회' 하는 것이 결혼이라면, 일단 신의 선물을 받아보는 것은 어떨까. 미리부터 '나만의 독특한 경험'을 포기할 이유는 없지 않은가.

나무는 주인의 발소리를 듣고 자란다

집 안 정리를 마치고 뒤늦게 나무를 보러 밖으로 나왔다. 어느덧 해가 서쪽으로 기울고 있었다. 조금 있으면 어둠이 밀려올 듯했다. 그래서 오늘은 가볍게 나무들을 둘러보는 것으로 수업을 끝내기로 했다.

교수님의 나무농장에 심긴 나무들의 대부분은 일반적인 조경수였다. 유실수라고 해봐야 그냥 빈터가 있어 심어보셨다는 사과나무 여남은 그루가 다였다. 하지만 재미 삼아 심어봤다는 교수님의 설명과는 달리 사과가 꽤 탐스럽게 달려 있었다.

"이거 약도 제대로 안 쳐서, 따서 이렇게 그냥 쓱쓱 닦아 먹으면 돼요."

교수님은 나무에서 잘 익은 것들만을 몇 개 골라 따서 건네주셨다. 교수님의 말씀처럼 사과는 무척이나 맛있었다. 예의상 한 입만 베어 먹고 말까 했는데, 두 입 세 입 계속 먹게 되었다.

"사과가 무척이나 다네요."

"그렇지?"

"어떻게 하면 이렇게 맛있는 사과가 열리죠? 약도 제대로 안 치셨다면서요?"

사과가 맛있다는 칭찬에 교수님은 기분이 좋으신지 사과를 몇 개 더 따서 주시며 말씀하셨다.

"발소리."

나는 반사적으로 장화를 신고 계신 교수님의 다리를 쳐다봤다. 거기에 맞춰 교수님은 장난스럽게 발을 굴러 소리를 내셨다.

"나무는 주인의 발소리를 듣고 자라요."

"발소리요?"

교수님은 되묻는 내 질문에는 대답하지 않으시고 계속 발소리를 내면서 나무 사이를 걸어가셨다. 그리고 하얀 표면에 멋스러운 자태의 나무들이 서 있는 숲 앞에서 멈추셨다.

"신 대표, 여기 이 멋있게 생긴 나무가 뭔지 알아요?"

농장에 드나들며 교수님과 나무도 심고, 퇴비도 챙겨주고, 나무를 팔고 사는 과정도 다 지켜보았음에도 나무의 종류를 구분하는 내 안목은 처음과 크게 다를 바가 없었다. 그러니 대답을 할 수 있을 리가 없었다. 나는 은근 약이 올라서 될 대로 되라는 심정으로 아무렇게나 떠오르는 대로 이름을 댔다.

"자작나무 아닙니까?"

며칠 전 미팅이 있어 강남에 갔을 때 방문했던 커피숍 이름이었다. 교수님이 가리킨 나무와 비슷하게 생긴 나무 모형이 장식되어 있던 곳. 내 대답에 교수님은 흠칫 놀라시는 표정을 지으셨다.

"음, 그래요. 신 대표, 알고 있었구먼."

소가 뒷걸음치다 쥐 잡은 격이었다. 조금 찔리긴 했지만 괜히 으쓱해지기도 했다. 하지만 그런 우연이 계속해서 일어나지는 않았다. 교수님은 내가 자작나무에 대해 잘 알고 있다고 생각하셨는지 계속해서 질문을 하셨지만, 나는 이후로는 하나도 답을 할 수가 없었다.

"이 자작나무는 생김새가 멋있기로 아주 유명한 나무입니다. 암, 그렇게 잘생겼을 수가 없지."

실제로 자작나무의 자태는 농장 안의 수많은 나무 중에서도 돋보였다. 교수님은 하얗게 일어난 자작나무의 껍질을 손으로 벗겨내셨다.

"이 껍질이 예전에는 무척 귀했다고 해. 종이가 없던 시절에는 이 껍질을 벗겨다가 여기에 글도 쓰고 그림도 그렸다고 하더라고. 경주 천마총에서 나온 〈천마도〉가 백화수피(白樺樹皮)에 그려졌다고 하는데, 그 백화수피가 이 자작나무 껍질이에요."

그러고 보니 어디선가 들은 듯도 했다. 실제로 교수님이 벗겨내신 자작나무 껍질을 보니 충분히 그림이나 글씨를 쓰고도 남을 듯했다.

"더 재미있는 게 뭔 줄 아나? 옛사람들은 이 자작나무 껍질을 김밥처럼 말아서 양초처럼 불을 밝히는 데 썼다더라고. 그걸 화촉(樺燭)이라고 하는데, 왜 우리가 결혼식 때 '화촉(華燭)을 밝히다'라고 하잖아? 그 화촉이 이 자작나무 초에서 유래했다고 해요."

나무에 대한 이야기는 알면 알수록 무궁무진해 공부할 것투성이었다.

"그런데, 이 자작나무들도 몇 해 전까지는 발육이 형편없었어."

지금의 멋들어진 모습만 봐서는 믿기지 않았다. 생육 상태나 전체적인 모습이 교수님의 말씀과는 달리 훌륭했다. 하지만 몇 해 전까지만 해도 나무를 패 내버려야 할지 그냥 둘지를 고민할 정도로 상태가 형편없었다고 한다.

"그럴 때 지나가면 나무가 말을 걸어요. 진짜야. 나무가 '악' 소리를 내는 거야."

나무에 대한 다른 신기한 얘기들은 교수님이 말씀하시는 대로 다 믿어왔지만, 이번만큼은 믿기 어려웠다. 그런데 교수님의 표정을 보니 농담이 아닌 듯했다. 교수님의 표정은 매우 진지했다.

"진짜예요. 옆을 걸어가는데 악 하고 비명을 지르는 것이 막 귀에 들리는 거야. 그래서 전문 조경업자를 불렀지. 얘네가 부족한 부분이 뭔지, 아픈 곳이 어딘지 진단해 달라고 했어. 그런 다음 거기에 약도 주고 퇴비도 주고 하면서 다독거려주었더니 그제야 비로소 비명소리를 멈추더라고."

교수님의 말씀을 들으며 혹시나 해서 귀를 쫑긋 세워보았다. 하지만 아무리 집중해도 나무가 질러대는 비명소리를 들을 수 없었다. 이미 교수님께서 다 조치를 취해놓은 탓인지, 내게 그런 감수성이 부족한 탓인지 아무 소리도 들리지 않았다. 그저 이제는 시원함과 서늘함을 넘어서서 차가움까지 담은 바람이 숲을 스쳐 지나가는 소리만 들릴 뿐이었다. 그때였다. 교수님이 아까 하신 말씀을 다시 반복하셨다.

"나무는 주인의 발소리를 듣고 자라요. 주인이 얼마나 자주 찾아오는지, 얼마나 흔쾌히 다가와서 얼마나 머물다 가는지, 어떻게 물러가는지 그 발소리를 듣고 자라요. 하물며 사람과 사람 사이는 말해 무엇 하겠어."

순간 교수님이 왜 나무가 주인의 발소리를 듣고 자라난다는 말씀을 꺼내신 건지 알 수 있었다. 역시 교수님은 아무 생각 없이 나를 자작나무 숲으로 데려오신 것이 아니었다.

"아까 내가 가정이 신이 주신 선물이라고 한 말 기억해요?"

"네, 그럼요."

invitation

"대가가 필요한 선물이라고 한 것도 기억해요?"
"아 예. 물론입니다."
"그 대가가 바로 이거예요."

교수님은 자신의 발을 가리키셨다.

그렇다. 우리는 흔히 운명 같은 사랑을 꿈꾸고, 그런 사랑의 결실로 가정이 저절로 이뤄지는 것이라고 생각해왔다. 그러다 보니 시간이 흐르고 세월이 지날수록 가정을 점차 소홀하게 대하고 가족 간에 뜸해지는 것을 당연한 일이라고 여기기도 했다. 그런 무관심과 무감각을 '서로에게 편해지는 것' 또는 '서로의 삶에 익숙해진 것'이라며 옹호하기에 바빴다. 심지어 관심을 기울이고 있으면 들을 수 있는 비명소리도 듣지 못하고 있다가 관계가 완전히 망가진 후에야 알고서 뒤늦게 후회하는 경우도 비일비재하다.

메모지에, 아직 확정된 것은 아니지만, 주례를 맡게 된다면 시작할 첫 말을 적어 넣었다.

사람의 마음은 발소리를 듣고 자란다.

교수님과 차가 있는 곳까지 걸어가며 나는 혹시라도 나무들이 내 발소리를 오해할까 싶어 전과 다르게 애정을 듬뿍 담아(?) 조심스럽게 걸었다. 나무들이 진심으로 잘 자라길 빌며.

| 여덟 번째 수업 |

부부로 산다는 것

또 하나의 언덕을 넘으며

"어떻게 오셨습니까?"

"곽수일 교수님 댁에 왔는데요."

"아, 곽 교수님 댁이요? 잠시만 기다려주세요."

빌라의 관리를 맡고 있는 경비업체 직원은 공손하게 인사하더니 사전 방문 등록이 되어 있는지를 확인하러 관리실 안으로 들어갔다. 일종의 내 버릇이었다. "○○동 ○○○호요"라고 말할 수도 있었지만, 이런 적은 세대가 사는 공용주택에서는 집주인이 듣지는 못하더라도 집주인의 이름을 불러주는 것이 예의라는 생각이 들었다. 특히 처음 만나는 사람일 경우, 집주인의 이름을 말했을 때 경비직원이 어떻게 반응하는가에 따라서 평상시 그 집주인이 어떻게 주변 관리를 하고 주위로부터 평판이 어떤지를 간단하게나마 짐작할 수 있다. 입구가 여러 군데이고 건물이 수십 동이 넘는 대단지 아파트에서는 불가능하지만, 그렇지 않을 경우에는 늘 집주인의 성함을 대고 출입을 해왔다. 물론 이날 곽 교수님 댁에 왔다고 말한 것은 예의 차원이었다.

잠시 후 경비업체 직원이 나와서 간단한 등록절차를 밟더니 차를 들여보내주었다. 그러면서 "아, 교수님 아까 잠시 나가셨는데 들어오셨는지 모르겠네요. 한번 확인해보겠습니다"라고 친근하게 안내해주는 것이었다. 마치 잘 알고 있는 사람에 대해 이야기하듯이 말이다. 단순하게 '빌라 단지가 크지 않아서 입주민을 잘 파악하고 있나보군. 아니면 관리회사에서 교육을 잘 받았던지'라고 생각했다. 하지만 지하 주차장에 차를 대면서 그런 것만이 아님을 알게 되었다.

마침 교수님께서도 주차장에 내려와 계셨다. 당신의 차에 뭘 가지러 오신 길이라고 했다. 그때 우리 두 사람 눈에 저 만치에서 청소를 하고 있는 주차관리 요원이 보였다. 한 30대 초반의 젊은 사람으로 보였다. 그런데 교수님이 그를 향해 큰 소리로 "안녕하세요! 수고가 많으십니다!"라고 꾸벅 인사를 하시는 것이 아닌가! 순간 교수님 댁에 간다고 하자 관리직원들이 왜 그리 친근하게 대해주었는지 이해가 갔다.

나는 교수님의 안내로 엘리베이터를 타고 함께 댁으로 올라갔다.

"어서 와요."

사모님이 문을 열어주시며 반갑게 맞이해주셨다. 환히 맞아주시는 그 모습이 교수님과 어찌나 닮았는지 깜짝 놀랐다. 옛말에 부부가 오래 살면 닮는다고 했는데, 마치 교수님 부부를 두고 한 말인 듯싶었다.

"우리 애 엄마 처음 보죠? 이 사람이 나무를 별로 안 좋아해. 내가 그렇게 농장에 한번 가서 신 대표도 만나고 함께 밥이라도 먹자고 그랬는데 말이야. 뭐 1년에 한 서너 번, 그것도 내가 조르고 졸라야 겨우 가는 정도니까."

"아이고, 같이 가봤자 잔소리만 한다며 타박한 사람이 누군데."

서로 티격태격하셨지만, 그 모습이 그렇게 보기 좋을 수가 없었다. 사모님은 교수님이 말씀을 다할 때까지 기다려주셨고, 교수님은 또 사모님의 이야기를 끝까지 다 들어주셨다. 마치 호흡이 기막히게 잘 맞는 올림픽 금메달리스트 혼합 복식 팀 같았다. 절대로 누가 누구 의견에 무작정 따라간다거나, 누가 누구의 의견을 묵살한다거나 하는 일은 없었다. 서로 저마다의 생각을 자유롭게 이야기하고 들어주는 것 같았다. 그러다 보니 묘하게 의견이 갈리는 경우가 있긴 했지만, 어느새 비슷한 이야기를 하며 웃고 계셨다.

이날 교수님의 자택을 방문한 까닭은, 지난번 농장에서 사랑과 결혼을 주제로 이야기를 하다가 사랑의 결실이자 가정의 근간이 되는 부부생활에 대한 내용을 좀 더 깊이 있게 다뤄보기로 했기 때문이다. 그래서 수업 장소도 농장이 아닌 교수님 자택에서 하는 것으로 결정되었다.

한참을 웃고 떠들고 있는데, 잠시 자리를 비우셨던 사모님이 큼지막한 책 한 권을 손에 들고 오셨다. 일반 서점에서 파는 월간 잡지보다 좀 작은 정도 크기의 책이었다. 사모님께 받아 들어 살펴보니 표지에 '또 하나의 언덕을 넘으며'라는 제목이 보였다.

"우리가 살아온 얘기와 모습들을 담은 책이에요. 워낙 개인적인 이야기들이라 자식들이나 웬만큼 친한 사이가 아니면 안 보여주는데……."

교수님의 정년퇴임을 기념해 사모님이 직접 교수님과 함께 찍은 사진, 교수님이나 사모님께서 쓰신 편지나 짧은 글, 주변에서 보내온 헌사 등을 모아 무크(mook)지 형태로 출간하신 책이었다. 제목이 흥미로워 한참 표지를 들여다보고 있으려니 사모님께서 제목에 담긴 사연을 말씀해주셨다.

"우리 부부가, 아이들까지 포함해서 살아온 삶을 되돌아보면, 아주 험한 산을 넘은 것 같지는 않은데 언덕은 수없이 넘어온 것 같더라고요. 이런저런 문제들도 많았고. 어찌되었든 그 언덕들을 무사히 넘어왔고, 이제는 아이들도 다 훌륭히 잘 자랐고, 이 양반도 그 좋은 학교에서 정년까지 마치고 은퇴를 잘했잖아요. 그래서 정년퇴임을 기념하는 책을 엮어보면서 제목을 그렇게 지어봤어요."

설명을 들으니 제목이 주는 느낌이 또 달랐다. 어차피 이날 댁으로 방문해 사모님을 뵙기로 한 이유 중 하나가 두 분의 결혼생활이 궁금했기 때문이다. 교수님과 사모님이 어떻게 만나서 결혼까지 하게 되었고, 지금까지 어떻게 살아오셨는지 그 이야기를 듣고 싶었다.

사경연애

두 분의 대화하는 모습을 보고 있으려니 참 흥미로웠다. 어떤 때는 두 분이 동료처럼 의견을 나누시다가도, 또 어떤 때는 한 분이 강의를 하고 한 분이 수강생처럼 진지하게 듣고 있기도 했다. 교수님이야 40여 년이 넘도록 강단에서 후학들을 양성해오신 분이니까 그렇다 쳐도, 사모님 또한 말씀이 무척이나 조리가 있고 듣고 있는 상대가 잘 이해되도록 설명해주시는 솜씨가 예사롭지 않았다. 궁금해서 여쭤보니 교수님께서 껄껄 웃으시며 답해주셨다.

"이 양반도 선생이요, 선생. 어찌 보면 나보다 훨씬 더 유명하지."

알고 보니 사모님께서도 유명 여대에서 영문학을 가르치셨다고 한다. 간혹 시내에서 식사를 하고 있으면 중년의 여성들이 몰려와서 "몇 년도에 교수님 수업을 들었던 누구누구입니다"라고 반갑게 인사하기도 한다고.

먼저 두 분이 어떻게 만나셨는지 궁금했다.

"뭐 특별할 거 있나. 우리 때야 어쩌다 보니 만나서 사귀다가 양가 부모님 허락 받고 결혼한 거지 뭐."

특별할 거 없다고 하셨지만 교수님과 사모님은 두 분이 각각 대학교 3학년, 1학년 때 처음 만나셔서는 서울과 목포, 서울과 미국 등을 오가는 원거리 연애를 하시다가 7년 만에 결혼을 하셨단다. 대부분 중매로 만나 양가 인사를 하고 몇 달 만에 식을 올리던 것이 당연시되던 그때로서는 꽤 이례적인 일이었다. 이후 50년 가까운 동안 두 분은 부부이자 서로의 보호자이자 동반자로서 삶을 함께 해오시고 있다.

당연하게도 그토록 오랜 시간 부부로서 함께 잘 지내온 비결을 듣고 싶었다. 언제나 그렇듯 이번에도 교수님의 답은 짧고 명쾌했는데, 이번에는 사자성어였다.

상경영애(相敬永愛)
서로 존경하고 영원히 사랑하다

50년 가까이 행복한 결혼생활을 해온 비결이라고 하기에는 너무 짧고 원론적인 면이 없지 않았다.

"너무 단순한데요?"

혹시라도 그 안에 더 심오한 뜻이나 특별한 사연이 담겨 있지 않을까 싶어서 물었지만 그런 건 없었다. 담백하게 네 글자에 실린 뜻 그대로였다. 하지만 뒤이은 교수님의 설명을 들으니 왜 이

네 글자가 행복한 결혼생활의 중요한 비결인지 점점 이해가 되기 시작했다.

"영애(永愛). 영원히 사랑하는 것. 이건 내가 아니라도 수많은 사람이 하는 얘기고 주례사마다 빠짐없이 들어가는 내용이니 더 이상 설명 안 해도 될 거예요. 실제로도 요즘 사람들은 서양 어느 나라 사람들보다 사랑 표현에 더 솔직하고 적극적이니까. 문제는 상경(相敬)이야."

그도 그랬다. 내 주위의 많은 부부 역시 정도의 차이가 있을 뿐 오래도록 사랑하는 사이로 살아온 이들은 흔했지만 서로 존경하는 부부는 찾아보기 힘들었다. 교수님은 상경영애를 어떻게 잘 지키고 계실지 궁금했다. 특히 상경.

"그러면 두 분의 상경은 어떻습니까? 잘하고 계시나요?"

조금은 단도직입적이지 않았나 싶었지만, 교수님은 별로 신경 쓰지 않고 자신 있게 답하셨다.

"우리 부부가 마트라도 가면 상인들이 우리더러 뭔 사극 찍느냐고 물어. 우리가 어떻게 대화하냐면 말이야……."

두 분은 실제 마트에 온 것처럼 대화를 재현해 보이셨다. 먼저 교수님께서 카트를 미는 시늉을 하며 대화를 시작하셨다.

"부인, 오이 하나 사시겠습니까?"

"그러시지요. 어떤 걸로 살까요?"

"저기 저 세 개에 2000원 하는 걸로 사면 어떨까요?"

"좋습니다. 그렇게 하시지요."

보는 나는 웃음이 터져 나오는 것을 참느라고 배가 당길 지경이었는데, 70대 노부부는 매우 태연하게 재현을 하고 계셨다.

"물론 우리 단둘이 있을 때야 이렇게 안 하지. 그런데 밖에 나가서나 아이들 앞에서는 부부간에 서로 존경하고 존중해주는 모습을 많이 보여줘야 돼. 그렇지 않으면 그 사랑은 오래갈 수가 없거든."

순간 밖에서 팔불출 소리 듣지 않겠다며, 사람들 앞에서 배우자의 험담을 하거나 하대를 하고 자녀들 앞에서 서로 반말하며 책잡기에 혈안이 된 부부들의 모습이 떠올랐다.

"난 제일 보기 싫은 것 중에 하나가 낮에 부인들끼리 커피숍에 모여 앉아 남편 흉 보고 시댁 흉 보면서 수다 떠는 거예요. 그렇게 남편을 존중하지 않으면서 자신은 어떻게 존중받으려고 그래요? 그래서는 남편도 절대 존중하지 않아요. 아무리 부부간에 서로 백날 사랑한다고 이야기해봤자 서로 존경하지 않으면 그 끝이 좋을 수 없어요."

사모님의 말씀이 이어졌다. 이날은 미처 메모지를 준비하지 못해서 사모님이 주신 『또 하나의 언덕을 넘으며』의 뒷면 백지에 '상경영애'와 사모님의 말씀을 급히 적어 넣었다. 교수님은 그런 내 모습을 보시더니 행복한 부부생활을 위해서는 상경영애만으로는 부족하고, 다른 한 가지가 더 있어야 한다며 서재로 가셔서 무언가를 찾으셨다. 바로 사진 한 장이었다.

때로는 틈이 필요하다

사모님과 함께 찍은 사진인가 했더니, 뜻밖에도 나무만 가득 찍혀 있었다.

"숲이 참 울창하네요. 옛날 농장 사진인가 봅니다?"

"내가 농장을 시작한 지 몇 년 안 됐을 때 사진이야."

"그러면 지금쯤 나무들이 굉장히 많이 자랐겠는데요?"

"아니, 다 죽었어요."

의외였다. 사진으로만 봐도 어른 키만 한 나무들이 빼곡히 들어찬, 잘 조성된 나무숲이었다. 그런데 교수님은 그 나무들이 다 죽었다고 말씀하시는 것이다. 믿을 수 없어 다시 한 번 사진을 들여다보았다. 나무들이 조금 어색할 정도로 빽빽하게 심겨 있다는 것 빼고는 별다른 점이 없었다.

"왜 죽었을까요? 혹시 누가 일부러 그랬습니까?"

"아니, 서로가 서로를 죽였지 뭐."

그 말씀에 놀라 다시 한 번 사진을 들여다보았다. 덩굴이랄까 잡초랄까, 아니면 생명력이 좋아서 다른 나무들로 갈 영양분을 다 빼어먹기로 악명 높은 종류의 나무라도 있는 걸까? 그런데 사진 속에는 아무것도 보이지 않았다.

"틈."

사진을 유심히 들여다보고 있는 내게 교수님이 알려주신 답이었다.

"네? 틈 때문에 나무들이 죽었단 말씀입니까?"

"그렇지. 정확히는 그 틈이 없어서 죽은 거지만. 내 조교 중에 어떤 녀석이 있었는데 말이야……."

교수님께서는 나무의 틈 이야기를 하시다가 갑자기 조교 이야기를 꺼내셨다. 교수님이 병석에 누워 계실 때 연구실에 있던 조교로, 당시 막 결혼한 신혼이었다고 한다.

"그런데 이 녀석이 너무 불성실한 거야. 시간 약속도 안 지키고. 그런데 알고 보니까, 그 친구한테도 바로 그 틈이 없더란 말이야. 부부관계가 우리 나무들처럼 말라서 죽기 일보직전이더라고."

조교의 아내는 남편의 일거수일투족을 살폈다. 귀가시간이 늦어지면 조바심을 내다가, 나중에는 감정이 폭발해 정도 이상의 화를 내기 일쑤였다.

"부부들, 특히 다른 부부들보다 애정이 돈독한 부부 사이에서 자주 볼 수 있는데, 상대방에게 조금의 틈도 허락지 않으려는 모습이 보일 때가 있어. 상대방 옆에 딱 붙어서 일거수일투족을 다 알고 있어야 하고, 대부분의 시간을 부부가 함께 보내야 한다고

생각하는 거지."

사진 속 교수님의 나무들 역시 틈 없이 지나치게 촘촘히 심은 통에 서로가 서로의 영역을 침범한 상태에서 가지가 제대로 뻗어나가지 못하고, 뿌리가 양분을 양껏 빨아들이지 못해 시름시름 시들해지더니 얼마 가지 못해 대부분 죽어버리고 말았단다. 문제의 조교 역시 아내와 계속 마찰을 일으키다가 결국 이혼 직전까지 가는 위기를 겪게 되었다고 한다. 다행히 그 조교는 교수님의 조언을 듣고 틈을 두어 위기를 극복하고 현재는 부부가 무척이나 잘 지낸다고 한다.

"나무 심기의 기본이야. 허허벌판에 혼자 심어놓으면 잘 자랄 것 같지? 대부분 잘 못 자라. 온갖 풍파를 혼자 맞는데 잘 자랄 수 있겠어, 어디? 그럼 다닥다닥 붙여놓으면 잘 자랄까? 그것도 아니야. 제대로 가지를 뻗고 스스로 커나갈 수 있도록 적당히 틈을 두고 심어야 나무들이 서로 도와가며 잘 자라는 법이야. 부부 사이도 마찬가지예요. 그 틈이 부부 사이를 더 돈독하게 해주거든."

"교수님도 틈을 자주 두십니까?"

"난 싸우면 아내한테 친정에 좀 가 있어라 그랬지. 내가 너무 싫어가지고. 그런데 자기는 못 간대. 차라리 당신이 며칠 나갔다 와라 이러더라고. 하하."

"그건 좀 심하지 않습니까? 상대방더러 집을 나가라고 하는 건데요."

"그냥 서로 냉각기를 가지잔 거지. 부부끼리 싸움이 없을 수는 없으니까. 왜 화가 나면 자기도 모르게 할 말 못할 말 다해버리는 경우가 있고, 그러다 보면 싸움이 더 커지기도 하잖아요? 그런데 한 2~3일 떨어져 있으면서 곰곰이 생각해보면 그게 그렇게 큰일은 아니었구나 하게 돼."

"뭐 사실 결혼생활 중에 생기는 대부분의 갈등은 아주 사소한 것에서 비롯되는 법이 많으니까요. 내가 상대방을 생각하는 만큼 상대방은 나를 생각해주지 않는 것 같고, 내 관심 분야에 상대방이 무관심하면 무시당하는 것 같고. 한마디로 왜 너는 나와 다르냐는 거죠."

"그렇지. 그런데 그런 일이 생겼을 때 잠시 떨어져 감정도 식히고 생각할 시간을 갖게 되면 많은 갈등이 저절로 해결돼요. 아까 아내가 준 책에도 다 좋은 얘기만 쓰여 있는데, 그게 제목처럼 또 하나의 언덕을 넘어와서 그래. 누구나 마찬가지겠지만, 그렇게 결혼생활을 하면서 여러 개의 언덕을 넘어 여기까지 온 거지."

결혼생활에서 갈등이 생기는 이유 중 하나가, 결혼을 한 이상 상대를 소유할 수 있고 상대가 나와 같아져야 한다고 착각하기 때문이 아닐까 싶다. 최소 20~30년을 서로 다른 환경에서 서로 다른 경험을 한 독립적인 두 사람이 만나, 매일같이 한집에서 같이 먹고 자고 생활하는 것이 어디 쉽겠는가? 갈등이 없다면 오히려 그게 더 이상할 것이다.

그러므로 기본적인 전제부터 바꿔야 한다. 결혼을 해도 상대방은 여전히 독립적인 인격체이기에 나와 다를 수 있고, 아니 다른 게 당연하고, 그렇기 때문에 서로 부딪힐 수도 있고, 그래서 더 많은 대화가 필요하고, 무엇보다 가끔은 각자 혼자 있는 시간도 필요하다고.

난 '상경영애' 라고 적어놓은 옆에 큼지막하게 '틈' 이라고 적어 넣었다. 그리고 고개를 들어 교수님 부부를 바라보았다. 자연과 나무를 좋아하는 남편과 쾌적하고 세련된 도시를 좋아하는 아내. 때문에 농장에 나무 구경을 가자는 남편의 청을 열에 여덟 아홉 번은 거절하지만, 남편이 심은 나무 얘기에는 귀를 기울여주고 맞장구를 쳐주며 때로는 적극적인 조언을 아끼지 않는 아내. 또한 아내의 문학적 역량과 풍부한 감수성을 배려하고 그 어느 때고 이야기를 들어주는 남편. '상경영애' 와 부부간의 필요한 바람직한 '틈' 을 몸소 실천하고 있는 부부라는 생각이 들었다. 그것이 50년 가까운 결혼생활을 훌륭하게 이끈 원동력이라는 것도. 물론 그 와중에도 내 앞의 두 분은 매우 사소한 일을 가지고 또 한바탕 티격태격 유쾌한 논쟁을 벌이고 계셨다.

| 아홉 번째 수업 |

어떻게 자녀를 키울 것인가

→·✦·←

인류 최대의 고민, 나의 아이

휴대폰이 가볍게 울렸다. 카카오톡 메시지가 도착했다는 알림이다. 공부한다고 떨어져 있어 오랫동안 보지 못한 딸아이가 안부를 물으면서 자신의 여름방학 계획을 알려주고 그에 대한 허락을 구하는 내용이었다. 허락해줄지 말지 상당히 고민되는 거창한 방학계획이었다.

사실 나는 아내와 연애를 할 때부터 "우리는 다른 사람 시선에 구애받지 말고 DINK(Double Income, No Kids)족으로 지내자"라고 말했었다. 그랬던 우리는 여러 계기를 거치면서 몇 차례 고민 끝에 결혼 1년 만에 아이를 갖게 되었다. 그렇게 태어난 딸아이가 벌써 대학생이 되었다.

우리 또래의 대부분의 부모들, 특히 우리 부부처럼 아이가 한 명인 집 부모들이 그렇듯이 우리 역시 아이를 키우며 양육에 대한 고민이 무척이나 많았다. 다행인 것은 나와 아내의 양육 원칙과 기준이 거의 같았다는 점이다.

우리 부부의 가장 기본적인 육아 원칙은 '아이가 아무리 예쁘고 귀여워도 부모가 평생 옆에 끼고 살 수는 없음'이었다. 자식은 부모의 노후를 위한 보험 상품이 아니다. 뿐만 아니라 평생 뒷바라지를 해줄 수도 없었다. 때문에 자식이 빨리 정신적으로 독립된 인격체가 되어 제힘으로 잘살 수 있도록 키워야 한다는 것이 우리 부부의 신념이었다.

외동딸이라고 해서 그 원칙이 문제되거나 하지는 않았다. 오히려 형제자매가 있어 서로 기대고 의지해가며 커가는 아이들과는 달리, 홀로 모든 것을 해나가며 자랄 운명이기에 더 빨리, 훨씬 강하게 독립심도 키워주고 친구들도 많이 사귀게 해야겠다는 생각이 들었다.

딸아이가 어릴 때부터 그러한 원칙과 계획에 따라 키워왔는데 본격적으로 가동되기 시작한 것은 딸아이가 초등학교 6학년이 될 무렵이었다. 그때 우리 부부는 딸아이를 기숙사가 있는 대안학교에 입학시켰다. 주변에서는 "너무 어린 나이에 밖으로 돌리는 것 아냐?" 혹은 "어릴 때 부모와 떨어져 있으면 부모 자식 간에 정이 안 생겨"라며 걱정을 했지만 우리 부부는 걱정하지 않았다.

우리는 하나뿐인 딸을 남들과는 조금 다르게 키우고 싶었다. 지금도 그렇지만 우리 세대도 대학입시만을 위해서 달리는, 다소 무미건조한 학창 시절을 보냈다. 그래서 우리 딸만큼은 그러한 생활에서 탈피해 좀 더 의미 있고 보람 있고 재미있는 학창 시절을 보내길 바랐다.

애 엄마는 미술에 관심이 있었으나 인문계로 진학한 아쉬움이 있다. 그래서일까, 딸아이에게 미술을 권했는데 다행히도 딸아이는 미술을 매우 좋아했고 재능도 보였다. 다만 예술중학교 입시를 위해 미술학원을 다녀야 했던 딸아이는 화장실도 못 가게 하고 옆에 있는 친구와 대화도 못하게 하는, 테크닉만 익히도록 강요하는 수업을 버거워했다. 급기야 미술에 대한 흥미마저 잃어버렸다.

좋아하는 미술을 전공으로 삼는다면 나름 학창 시절이 즐겁고 의미가 있을 터였다. 후에 사회생활을 할 때도 전문성을 바탕으로 한 실력 발휘를 할 수도 있을 터였다. 그렇게 시작한 미술이었는데 뜻대로 되지 않는 현실이 속상했다. 그러던 중에 우리나라 교육에 대해 비슷한 고민을 하고 계시던 분이 설립한 대안학교를 알게 되었다. 기숙사 생활을 해야 한다는 것이 마음에 걸렸지만, "아이들은 아이들끼리 지내는 기숙사 생활을 매우 좋아하는데 오히려 부모님들이 걱정이 많으세요"라는 교장 선생님의 말씀을 듣고 입학시키기로 결정했다. 일말의 불안감이 없었던 건 아니었지만, 그래도 확신을 가졌다. 그리고 결과적으로 우리 부부가 바라는 대로 되었다.

딸아이는 입시 위주의 공부에서 벗어나 다양한 경험을 하며 인성을 기르게 되었다. 기숙사에서 지내면서 수업을 듣는 주중에는 서로를 보지 못하고 주말에만 만나니까 "그래, 학교는 어때? 재미있어?", "엄마 아빠는 요즘 뭐 해? 나 없으니까 심심하지?"라는 식으로 대화가 더 애틋하게 변했다. 주중에 서로 통화를 하거나 메시지를 주고받는 빈도도 늘었고, 더 보고 싶어 하는 관계가 되었다.

그렇게 떨어져 지내면서 아이는 우리가 생각한 이상으로 훨씬 더 건강하고 훌륭한 사람으로 자라주었다. 즉 서로 함께하는 물리적 시간이 얼마나 많으냐가 아니라, 잠깐을 같이 있더라도 서로 얼마나 밀도 있게 대화하고 감정을 교류하느냐가 더 중요한 것이다.

"신 대표, 수업 중에 뭔 생각을 그리 해요?"

교수님의 말씀에 나는 얼른 정신을 차렸다.

"아, 네……. 잠깐 생각할 것이 좀 있어서요."

내가 딸의 메시지를 보고 잠깐 딴생각에 잠긴 사이, 교수님께서 여러 번 부르신 듯했다.

"이렇게 수업 중에 쉽게 딴 데 정신 파는 학생에게 내가 왜 A를 줬을까 몰라. 하하."

다행히 교수님은 언짢아하시기보다는 예의 그 사람 좋은 웃음을 지어 보이시며 농담을 건네셨다. 나는 얼른 스마트폰에 뜬 딸아이의 메시지를 보여드렸다.

"딸아이가 미국에 있다고 했지?"

"네."

"생각 잘했어요."

"유학 보낸 것 말씀입니까?"

"아니. 하루라도 빨리 부모 품을 떠나 자기만의 세계에서 살아보도록 한 거 말이야."

"그런데 제 생각과 다른 부모들이 더 많더라고요."

"부모로서 쉽지 않은 선택이지. 아마도 인간에게 가장 오래된 고민이자 또 최후의 고민 중 하나가 아닐까 싶으이."

"자녀 교육에 대한 것을 말씀하시는 겁니까?"

"그렇지. 조금 더 크게 보자면 자식을 어떻게 기르고, 어떻게 가르쳐서, 어떻게 사회에 내보낼까 하는 것들이겠지."

그때였다. 교수님이 데리고 온 어린 외손자가 나뭇가지와 솔방울 같은 것들을 잔뜩 주어왔다. 어찌나 농장 여기저기를 구르고 나무에 매달리고 했는지 온몸이 흙투성인 데다가 손등 여기저기에는 긁힌 상처가 보였다. 하지만 교수님은 대수롭지 않다는 듯 흙만 툭툭 털어주시고 얼른 들어가 씻으라고 외손자의 등을 집 안으로 떠미셨다. 그 말에 외손자는 씩씩하게 집 안으로 들어갔다.

"우리도 잠깐 집에 들어가서 몸 좀 녹이고 갈까?"

교수님이 말씀하셨다.

아직 겨울이 오려면 한참 남았는데, 이곳은 서울에 비해 조금 더 일찍 추위가 찾아왔다. 오늘 아침 농장에 도착했을 때, 소백산이나 한라산 자락에서나 볼 수 있었던 상고대(나무나 풀에 내려 눈처럼 된 서리)가 널리 펼쳐진 모습을 보고 감탄을 금치 못했다. 강원도 산골짜기는 아니더라도 새벽 나절에는 이미 기온이 영하로 내려가는 모양이다. 때문에 집 안에서 쉬었다 가자는 교수님의 말씀이 그렇게 반가울 수가 없었다.

집 안에 들어서자 교수님께서는 보온병을 꺼내 사모님께서 챙겨 보내신 따뜻한 음료를 찻잔에 따라주셨다. 한 모금 마시니까 몸이 확 풀리는 것이 기분 좋은 노곤함을 안겨주었다. 찻잔을 들고 소파에 몸을 푹 파묻고 있으려니 그렇게 안락할 수가 없었다. 한동안 차를 음미하며 해군참모총장을 지내신 교수님의 지인이 선물로 주었다는 정교한 거북선 모형을 물끄러미 바라보았다. 그러다 불현듯 궁금증이 일어 교수님께 물었다.

"교수님, 혹시 교수님도 자녀 교육 때문에 속 썩으신 적 있으십니까?"

그러다 곧 나는 내가 매우 어리석은 질문을 한 것은 아닐까 하는 생각이 들었다. 오래전 교수님과 대화를 나눌 때 교수님의 자제 분들, 딸 두 명과 아들 한 명이 모두 명문대를 졸업하고 교수로 일하는 등 사회 중심에서 많은 기여를 하며 훌륭히 잘살고 있다는 이야기를 들었던 기억이 났기 때문이다. 그런데 교수님의 대답은 뜻밖이었다.

"있지, 왜 없겠어요?"

교수님은 책장에 놓인 가족사진 중 가장 앳되어 보이는 막내딸을 가리켰다.

"네? 정말입니까?"

전에 교수님 댁을 방문했을 때 사모님으로부터 자제 분들, 특히 막내딸에 대한 이야기를 들은 기억이 있어서 의외라고 생각했다. 사모님께서 말씀하시길, 막내딸이 대학 졸업 후 유명한 투자은행에 들어갔는데, 그때 받은 연봉이 교수님보다 많아서 교수님이 농담처럼 "이게 바로 우리 사회의 부조리다"라며 푸념하셨다는 이야기를 들었기 때문이다.

"물론, 지금 보면 훌륭하게 잘 커줬지. 그런데 말이야……."

첫째인 아들은 명문 사립대에 입학한 후에 학업을 계속 이어나가서 캘리포니아 대학교 버클리 캠퍼스(UC.Berkeley)에서 공학박사 학위를 받고 조지워싱턴 대학교(George Washington University) 경영대학원에서 교수님이 서울대에서 강의하시던 생산관리와 유사한 프로젝트 경영(Project Management)을 강의하고 있고, 그 밑의 딸은 수석으로 명문 여대에 입학해 4년 내내 장학금은 물론 생활비까지 받아오며 공부한 뒤에 세계적인 IT기업에 입사했다가 결혼한 후 남편과 독일에 갔다가 와서 살고 있을 만큼 내내 평탄한 길을 걸었는데, 막내딸은 좀 달랐다고 한다.

“위의 두 아이는 내가 공부하고 자리 잡고 하느라 제대로 지원도 많이 못해줬어. 그런데도 무난하게 좋은 학교 가서 공부도 잘하고 훌륭하게들 자리 잡았거든. 막내는 내가 교수로 자리 잡고 경제적으로도 어느 정도 여유가 생긴 뒤에 낳아서 어릴 때부터 뒷바라지를 잘해줬어요. 위의 오빠언니한테 보고 배운 것도 있을 테고. 근데 이상하게 잘 안 되는 거라.”

고등학교 3학년 2학기. 대학입시를 앞두고 그간의 내신 성적과 배치고사 등을 통해 얻은 데이터를 바탕으로 입학원서를 써야 했는데, 담임선생님이 조심스럽게 “이 성적으로는 서울에 있는 대학 들어가기 힘들 겁니다”라고 했단다. 물론 교수님 내외분께서 반드시 서울에 있는 대학을 가야 한다고 고집 피우신 것은 아니었다. 서울에 있는 대학을 가야 성공한다는 편견이 있는 분들은 아니셨기 때문이다.

그런데 부모로서 좀 납득이 되지 않았다고 한다. 분명히 어려서부터 봐오던 모습이나 공부할 때 보여주는 집중력 등은 위의 오빠언니와 다를 바가 없었단다. 어떤 때는, 특히 어떤 특정 분야에서는 막내딸이 월등한 모습을 보여준 적도 있었다고 했다. 그런데 왜 그랬을까.

결국 교수님 내외분께서는 막내딸이 하자는 대로 하기로 하셨다. 입학시험을 치르는 내내 막내딸은 미국으로 유학을 가고 싶다고 말했단다. 결국 그렇게 하기로 하신 것이다. 대부분의 한국 고등학생이 그렇듯이, 문법이나 독해는 웬만큼 하지만 회화는 벙어리나 다름없었던 딸을 미국으로 보내 주니어 칼리지(Junior College)에서 영어부터 익힌 뒤에 입학 준비를 하도록 했다.

"그런데 거기서부터 역전의 드라마가 나온 거지."

교수님은 생각만 해도 가슴이 벅차오르는 듯 다시 한 번 거실 책상 한 켠에 있는 학사모 차림을 한 막내딸의 사진을 바라보며 쓰다듬으셨다.

"첫 학기에는 영어만 배우고 다음 학기부터 다른 수업도 들었는데, 아 듣는 과목 족족 A를 받기 시작한 거야."

"요샛말로 포텐이 터진 거네요."

"포텐?"

"아, 저도 저희 젊은 직원한테 배운 말인데요, '포텐셜(Potential, 잠재력)'의 줄임말이랍니다. 잘할 듯 못할 듯 애매한 실력을 보이던 프로게이머나 운동선수들이 어느 순간 능력을 발휘하기 시작할 때 '포텐이 터졌다'라고 한다더군요. 하하."

"어, 그거 재미있네. 그래, 우리 막내가 미국에 가서 그 포텐이 터진 거였어. 한국에서는 내신 점수 따려고 억지로 공부했던 제2외국어, 독일어를 했었는데, 거기에 재미를 붙이더니 아주 잘하는 거야. 전공교수가 너 도대체 어디서 독일어 배워왔어, 묻더래. 하하."

특히 수학이 압권이었다. 한국 학생들이 수리 능력이 뛰어난 거야 이미 세계적으로도 알려진 사실이지만, 교수님의 막내딸도 그럴 것이라고는 생각조차 못했단다. 그런데 그런 일이 실제로 일어난 것이다. 수학을 포함한 대부분의 과목에서 최고 성적을 거두며 첫 학기부터 '딘스 아너 리스트(Dean's Honor List)'에 오르는 기염을 토했단다. 딘스 아너 리스트란 일종의 우등생 명단으로, 탁월한 성적을 거둔 학생들을 학장이 인정한다는 명예 명단이다. 그렇게 두각을 나타내더니 3학년 때는 UC버클리로 옮겨서 경제학을 전공했단다. 서울에 있을 때는 대학 합격조차 간당간당하던 교수님의 막내딸은 결국 우수한 성적으로 3년 반 만에 UC버클리를 졸업했다고 한다.

"한마디로 서울에서는 안 되도 캘리포니아에서는 된 거지. 그때 생각했어요. 자식을 어떻게 키울지 고민하는 것이 참 쓸데없구나. 비효율적인 양육 방식이구나."

어떻게 키우느냐보다 어떻게 바라볼지를 생각하라

어떻게 키울지를 고민하는 것이 비효율적인 양육 방식이라는 교수님의 말씀은 조금 이해하기 어려웠다. 지금 이 순간에도 아이를 어떻게 키울지 고민하며 근심하고 있는 수백만 부모들이 말도 안 된다며 들고 일어날 만큼 센 말씀이셨다.

"자, 몸 좀 녹였으니 이만 슬슬 작업을 마무리하러 나가볼까."

양육과 자녀 교육에 대한 교수님의 의견을 더 듣고 싶었지만, 교수님은 아까 벌려놓고 들어온 작업 때문에 마음이 급하신 듯 보였다. 오늘 끝내야 할 일은 말라죽어버린 나무를 패내는 일이었다.

"아깝네. 잘 크던 녀석이었는데……."

수많은 나무 중 한 그루에 불과하고 이미 말라죽어버린 나무의 뿌리 부분만을 패내는 작업이건만, 애써 키우던 나무를 완전히 죽이는 작업인지라 교수님 마음이 상당히 안 좋으신 듯했다. 뿌리 밑까지 완전하게 드러난 고목을 한동안 어루만지시며 안타까운 표정을 감추지 못하셨다.

"내가 이 나무를 잘 키워보려고 얼마나 많은 방법을 썼는지, 내가 어쩌면 이 녀석 덕분에 나무박사가 다 된 건지도 모르겠어."

이제 나무뿌리는 소형 기중기로 트럭에 실려 농장 밖으로 나가고 있었다. 들리는 말로는 공예업체에 팔려 전통찻집 같은 데서 볼 수 있는 앉은뱅이 탁자로 쓰일 거라고 했다. 교수님은 트럭이 시야에서 완전히 사라질 때까지 눈을 떼지 못하며 말을 이으셨다.

"사람도 마찬가지야. 자식도 그렇고."

마치 선문답을 하는 고승처럼 허공에 대고 아까 집 안에서 나누다 만 화두를 다시 던지셨다.

"내가 저 나무를 잘 키워보려고 얼마나 노력을 했게. 좋다는 퇴비 다 써보고 조경 전문가를 불러다가 좋다는 수액 다 맞게 하고 그랬는데도 저렇게 됐어. 자식도 비슷해요."

뭐라 맞장구를 쳐드려야 할지 몰라 멈칫했다. 무슨 의도로 그런 말씀을 하시는지 잘 가늠이 되지 않은 탓도 있다. 그저 잠자코 교수님의 말씀을 듣고 있을 수밖에. 그러다 보니 대화가 중간중간 끊기다 이어지다를 반복했다. 이제 교수님의 말씀은 대화라기보다는 한 편의 시 낭송 같았다. 완전히 어두워진 농장의 밤하늘에 울려 퍼지는 자식 교육에 관한 대서사시.

"오로지 저 나무에만 집중해서 잘 키워보겠다고 온갖 방법을 다 쓰다가, 잠시 떨어져 생각해보니 저 나무 주변이 보이기 시작하더라고. 저 나무가 어떤 땅에서 어떤 나무와 같이 자라고 있으며, 그 땅과 저 나무가 어떤 사이인지, 저 나무와 다른 나무가 어떤 사이인지. 그러고 나서 보니까, 이제까지 저한테 좋을 거라고 써왔던 방법들이 알고 보니 죄다 해가 되고 독이 되는 거였더라고."

그제야 교수님께서 어떤 의도로 말씀을 꺼내셨는지 이해가 되었다. 그리고 인부들이 알아서 작업하고 있는데도 왜 굳이 나를 데리고 나와서 마무리를 짓자고 하셨는지도. 뒤늦게야 맞장구를 칠 수 있었다.

"자식 역시 마찬가지군요."

"그렇지, 아까 패낸 나무가 대왕참나무인데, 그게 작았을 때 내가 옮겨 심었어. 아까 봐서 알겠지만 그렇게 크게 자랐지. 그런데 그게, 여러 개를 심어도 크기가 다 달라. 아까 그 녀석은 유독 성장이 더디더라고. 이 녀석만 왜 이렇게 안 크지 하는 조바심이 나서 조경업자를 불러다가 별의별 방법을 다 동원했지. 근데도 결국 저렇게 되어버리고 말았네그려."

"네에……."

교수님은 나무 생각을 못내 떨치지 못하셨는지 아쉬움에 입맛을 쩝쩝 다시셨다. 그 사이 시간은 훌쩍 지나가 있었다. 교수님은 작업복과 장화를 벗으시며 말씀을 계속하셨다.

"자식들도 마찬가지야. 내 자식한테만 집중해서, 애가 누굴 닮아 이렇게 공부를 못할까, 어떻게 공부를 시켜서 좋은 대학교에 보낼까 해서는 답이 안 나와. 그 전에 부모인 내가 아이들을 어떻게 볼 것인지 생각해봐야지. 어떻게 하면 내 자식을 1등에 앉힐까, 어떻게 하면 내 자식을 일류대학교에 보낼 수 있을까, 이런 고민은 부모 속만 끓게 하지 정작 자식들을 위한 제대로 된 답은 안 나와."

"아이의 입장에서 함께 바라보고, 함께 고민하는 노력이 필요하단 말씀이시군요."

"그렇지. 아이를 일류대에 입학시키기 위해 달달 볶는 것과, 아이가 원하는 것을 이루는 데 가장 좋은 환경과 기회가 무엇인지를 찾아주다 보니 아이가 일류대에 들어간 것은 같은 결과처럼 보이지만 실상 엄청난 차이가 있어요. 그 과정에서 부모와 아이가 함께 어떤 시간을 보냈고, 어떤 관계를 맺었고, 어떤 모습을 보였는가에 대해서 큰 차이가 있을 수밖에 없지."

"아까도 말씀드렸듯이 저는 딸애를 대안학교에 보내는, 조금은 모험적인 일을 했습니다. 그리고 그 모험을 하길 잘했다란 생각이 듭니다. 딸아이가 거기서 인생에서 가장 중요하다고 할 수 있는 인성과 품성을 쌓았으니까요. 친구들과 함께 기숙사에서 지내면서 친구 사귀는 법, 친구와 잘 지내는 법, 협동정신, 배려하는 마음 등을 배웠으니 이보다 훌륭한 교육이 어디 있겠습니까? 많은 부모가 그저 해오던 대로 하거나 남들이 하는 대로 따라 하는데, 진정 아이들에게 필요한 인성, 지혜, 지식을 어떻게 쌓게 해줄 것인지를 생각한다면 달라져야 한다고 생각합니다. 부모를 위한 것이 아닌, 부모의 방식이 아닌 아이들의 눈높이에서 아이들을 위한 방식을 찾아줘야 한다고 생각합니다. 같이 고민하고 찾은 후에 답을 얻었으면 그것을 밀고 나가는 신념도 있어야 할 테고요."

"그렇지. 만일 우리 막내에게 너 그러면 안 돼, 대한민국에서 성공하려면 무조건 일류대에 들어가야 돼, 그러니까 너 재수해 삼수해, 라고 다그쳤다면 어떻게 됐을까? UC버클리에 가고 투자은행에 가기는커녕 아마 지금쯤 어딘가에서 허비해버린 시간을 후회하며 방황하고 있거나, 그렇게 몰아붙인 부모를 원망하며 살고 있을지도 모르잖아요?"

두 번째 기회

늦가을, 시골마을의 해는 짧았다. 거기까지 대화를 나눈 뒤 밖으로 나와 보니 이미 어둠이 짙게 깔려 있었다. 공기까지 맑아 서울보다 몇십 배는 많은 별과 몇십 배는 밝은 달이 보였다. 교수님도 농장의 밤하늘은 오랜만에 보시는지 한동안 물끄러미 바라보고 계셨다.

"별이 참 많아. 예전에 처음 미국으로 유학을 떠날 결심을 했던 날도 이렇게 별이 많았는데 말이지……. 아마 1963년도일 거야. 내가 한국에서 학부를 마친 사람으로서는 처음으로 콜롬비아 MBA 입학 통보를 받았거든. 그때 우리 아버지가 정말 큰 결심을 하셨지. 당시 우리나라 GDP가 80달러이던 시절인데, 거기 학비는 500달러였거든. 게다가 그때는 미국 한 번 가는 게 지금이랑은 또 달랐어. 아무리 사업을 하시던 분이라 배포가 크셨다고 해도 쉽지 않은 결정을 하신 거지."

그렇게 어렵게 얻은 유학 기회를 살리기 위해 교수님은 무려 6개월 동안 꼬박 퇴근하고 나면 방에 틀어박혀 입학원서를 썼고, 덕분에 아이비리그 명문대학교 중 하나인 콜롬비아에 합격할 수 있었다고 한다.

"그런데 난 우리 아버지를 떠올릴 때마다 생각나는 분이 한 명 더 있어요."

계속 하늘의 별을 쳐다보며 말씀하시던 교수님은 갑자기 집 안으로 들어가시더니 책 한 권을 들고 나오셨다. 영어로 된 책이었다.

"이 책, 지은이가 토마스 왓슨 주니어(Thomas Watson Jr.)라고."

"아, IBM 회장이었죠?"

"그래요, 잘 알고 있네. 근데 내가 말하고 싶은 사람은 토마스 왓슨이야. 토마스 왓슨 주니어의 아버지. 아, 참 이번 기회에 한 번 읽어봐요."

교수님이 들고 와서 건네주신 책은 『Father, Son & Co. My Life at IBM and Beyond』였다. 국내에서도 『IBM, 창업자와 후계자』로 번역, 출간된 적이 있는 책이다. 우리는 이 책의 저자인 토마스 왓슨 주니어를 지금의 IBM을 일군 뛰어난 경영자로 알고 있지만, 사실 그는 어린 시절 '끔찍한 톰(Terrible Tom)'이라고 불릴 만큼 소문난 악당이었다고 한다. 동네에서 말썽이란 말썽은 죄다 저지르고 다녔고 학업 성적도 좋지 않아서 이웃들도 학교 선생님도 두 손 두 발 다 들 지경이었다. 단 그의 아버지, 토마스 왓슨만은 그를 믿고 이해해주었다.

"모든 사람들이 토마스 왓슨 주니어의 말썽에 고개를 절레절

레 흔들며 포기하고 멀리할 때에도 그의 아버지 왓슨만큼은 아들을 믿고 이해해줬지. 아들한테 중요한 것을 하나 더 줬단 말이야. 그것 때문에 토마스 왓슨 주니어가 이후에 훌륭한 경영자가 된 것이고."

"그게 무엇입니까?"

"바로 세컨드 찬스(second chance), 두 번째 기회예요."

교수님은 현관 옆 나무 한 그루를 매만지시며 말을 이으셨다.

"나무가 한번 삐뚤게 자라면, 처음에는 잔가지를 쳐내주고 그 다음에는 굵은 가지를 쳐내주고 그 다음에는 해를 가려주는 식으로 끊임없이 다른 방법을 찾아요. 절대 바로 뿌리를 쳐내지는 않지. 아이들도 마찬가지야. 아직 어리니만큼 때론 실수도 할 수 있고, 한두 번 실패할 수도 있어요. 그렇다고 넌 안 돼, 그러면서 포기할 필요 있습니까? 계속 새로운 방법을 찾아주고 다른 시도를 해봐야지, 뿌리를 쳐내면 안 되는 거야."

나는 현관 옆 나무와 교수님이 읽어보라고 건네주신 토마스 왓슨 주니어의 회고록을 번갈아 바라보았다. 교수님의 말씀이 계속 이어졌다.

"우리나라가 좋은 점이 많지만 아직까지 조금 부족한 점이 아이들에게 이 '두 번째 기회'를 부여해주지 않는 거예요. 사춘기 한번 잘못 보내서 사고 치면 문제아로 낙인찍히고, 3년 내내 죽도록 공부해도 수능 시험 날 감기 걸리면 원하는 대학은 물 건

너가고, 좋은 대학 못가면 인생의 낙오자라 그러고. 이래서 어디 쓰겠어요? 우리 아이들이 삶의 언덕을 그렇게 넘게 해서는 안 되지. 미국은 이런 시스템이 잘되어 있거든. 4년제 대학이 아니더라도 커뮤니티 칼리지 같은 전문대학이 매우 많고, 전문대학에서 일반대학 편입하는 것도 아주 자유로워요. 사회 자체가 아이들한테 여러 방면으로 또 다른 기회를 부여하는 거지. 여러 사람이 우리나라는 '패자부활전이 없는 사회'라고 했는데, 난 그 말 공감해요. 그런데 그런 시스템을 지금부터 갖추려고 해도 좀 오래 걸리거든. 그러니까 부모들이라도 대신 이런 역할을 해주면 어떨까 싶어. 어쨌든 내 자식이잖아요? 부모가 함께 나서줘야지."

하긴 우리 주변에서 익숙하게 볼 수 있는 모습들이다. 중고등학교 때까지 우등생으로 잘 지내다가 좋은 대학에 들어가지 못했다는 이유로 재수·삼수하면서 방황하기도 하고, 그러면 정신 못 차리고 속 썩인다고 잔소리하고. 좁은 취업문을 뚫지 못해서 아등바등하고 있으면, 학교 다니면서 도대체 뭐 했기에 취직 하나 안 되냐고 비난하고. 하나의 길, 하나의 기회만 보고 아이들을 닦달하다 보니 정작 필요할 때에는 힘이 되어주지도 않고, 패자부활전에 나갈 용기도 주지 못하는 것이 우리의 현재 모습인 듯싶었다.

"모든 가지를 다 쳐내더라도 뿌리만 있으면 나무는 살 수 있어요. 사람에게는 부모나 가족의 믿음과 지지가 바로 뿌리인 거고. 살면서 실수하고 실패했을 때 뿌리가 굳건하게 받쳐주면 나무가 다시 새로운 방향으로 가지를 뻗어갈 수 있지 않겠어요? 지금은 그 역할을 부모와 가정이 해줘야 한다고 봐. 그리고 궁극적으로는 사회도 그런 방향으로 나아가야 하고."

집으로 돌아가기 위해 차 있는 쪽으로 발걸음을 옮기다 보니 어슴푸레한 달빛 아래 푸른색과 흰색 비닐에 쌓인 무언가가 보였다.

"아까 그 녀석 나간 자리에 심어야지. 그 녀석과 똑같은 대왕참나무 묘목이야."

비닐 안에는 뿌리가 마르지 않도록 잘 쌓인 묘목 수십 주가 들어 있었다. 교수님은 묘목들이 들짐승의 피해를 입지 않도록 울타리 안쪽으로 들여놓으시며 농담을 건네셨다.

"일류대만 고집하지 말고 제 가고 싶은 곳으로 보내줘야지. UC버클리건 예술학교건 호텔학교건. 안 그래? 하하."

나는 오늘 교수님께 들은 자녀 교육에 관한 의견을 서둘러 메모지에 적어 넣었다.

부모의 믿음과 지지가 곧 뿌리다.
뿌리가 단단하면 다시 새로운 방향으로 가지를 뻗는다.
부모는 아이들에게 두 번째 기회를 주는 후원자이자 응원자가 되어야 한다.

그리고 휴대폰을 꺼내 딸아이에게 아까 미처 하지 못한 답신을 보냈다.

Absolutely Yes! I' m always on your side.

(그럼 물론이지. 아빠는 늘 네 편이야.)

| 열 번째 수업 |

어떻게 참삶을 살 것인가

본질에서 벗어난 것들

이제 완연한 겨울이었다. 사람들의 옷차림은 한층 무거워졌고, "안녕하세요?"라는 인사보다 "어유, 오늘 날씨가 꽤 춥네요"라는 인사가 더 흔하게 들려왔다. 구세군 자선냄비도 편의점의 호빵 찌는 기계도 심심치 않게 보이기 시작했다. 거리를 걷는 사람들의 모습도 느긋하고 여유롭기보다는, 어깨를 한없이 움츠린 채 옷깃을 최대한 여미며 종종거리는 폼이 무언가에 쫓기는 것 같았다.

교수님의 농장으로 가기 전에 잠시 볼일이 있어 아내와 함께 차를 몰아 여의도로 향했다. 여의도를 남에서 북으로 꿰뚫는 큰 도로에서 정지신호를 받아 기다리고 있을 때였다. 건너편에서 남학생 무리가 횡단보도를 건너는 것이 보였다. 한가운데 버스 정류장이 있는 횡단보도였다. 그 나이 또래의 학생들이 대부분 그렇듯 뭐가 그리 재미있는지 서로를 밀치고 때리고 도망치며 부산스럽게 길을 건너고 있었다.

순간 그 무리를 추월해서 한 남학생이 뛰듯이 길을 건너는 것이 보였다. 문제는 그 남학생이 신호등이나 주변 차로, 하다못해 자신의 발 앞조차 보고 있지 않았다는 점이다. 그 남학생의 시선은 손에 쥔 스마트폰 화면에 고정되어 있었다. 그가 중앙의 버스 정류장을 넘어 반대 차선으로 들어서려는 찰나에 신호가 바뀌었다. 장난치던 남학생 무리는 그걸 보고 재빨리 중앙 인도에 멈춰 섰다. 하지만 스마트폰만 보고 있던 그 남학생은 그 사실을 모르고 계속 횡단보도를 건너고 있었다. 그리고 불행하게도 신호만 보고 달려오던 차량에 치이고 말았다. 순간이었다. 장난기 듬뿍 담긴 학생들의 재잘거림이 끔찍한 비명으로 바뀐 것은.

다행히 곧바로 경찰차와 119 구급차량이 도착했고, 후속 조치가 신속하게 진행되었다. 이후로 그 남학생이 어떻게 되었는지는 모르지만. 여의도에서 볼일을 보는 내내, 그리고 일을 마치고 농장으로 향하는 내내 그 장면이 떠올라 마음을 무겁게 짓눌렀다. 그러면서 생각이 꼬리에 꼬리를 물었다.

'스마트폰은 사람의 생활을 더 편리하고 즐겁게 만들어주기 위한 것인데, 왜 아까 그 학생에게는 그렇지 못했을까? 자신은 다치고, 다른 사람은 놀라다 못해 안타까워 하고. 근데 어디 스마트폰뿐인가? 더 잘살기 위해, 더 편하게 살기 위해, 더 나은 생활을 위해 우리가 가지고 있고 사용하는 것들이 우리 삶을 더 황폐하게 만들고 있는 것은 아닐까? 그런 것에 가려져 우리가 잊고 사는 것들이 얼마나 많은 걸까?'

그러다 문득 예전에 내가 컨설팅을 해주었던 A회사가 떠올랐다. A회사는 CEO를 비롯해 경영진 대부분이 BSC(Balanced Score Card)의 열렬한 신봉자였다.

BSC란 성과평가시스템의 하나로, 매출이나 수익 같은 재무지표는 사후적 결과만을 강조하기에 기업의 장기적 성과까지 측정하기 어려워서 '고객, 내부 프로세스, 학습과 성장'까지 포함한 네 영역을 골고루 평가해야 한다는 개념에서 비롯되었다. 이런 BSC는 기업의 경영과 평가, 컨설팅에 있어 많은 시사점을 안겨주었고 엄청난 인기를 끌었다. 특히 한국 기업의 경우, 한때 BSC를 글로벌 기업으로 성장하기 위한 하나의 잣대로 여겨서 이에 맞춰 기업의 모든 부분을 뜯어고쳐야 한다는 이야기까지 나오곤 했다.

문제는 이 BSC를 맹목적으로 도입할 경우, 늘어난 영역만큼 평가 항목 또한 엄청나게 늘어서 개인 직원 차원에서 보면 '도대체 내가 부족한 부분이 어디라는 건데?' 라거나 '그래서 나는 어디에 더 집중해야 하는 거야?' 또는, '두루 대충 잘하는 것이 어느 한 가지를 탁월하게 잘하는 것보다 좋은 거구나' 하는 식으로 잘못된 해석을 하게 되어 오해나 혼란을 불러올 수 있다는 점이었다. 또한 '내부 프로세스'나 '학습과 성장' 같은 정성적 부분을 정량적으로 평가하려다 보니 '인당 교육건수'나 '내부 보고건수' 등 결과를 조작하기 쉬운 지표를 무리하게 포함시키는 경우도 나타났다. 결국 좋은 의미로 도입한 BSC였지만, 그

의도와는 다르게 평가하는 데 많은 시간이 소요되기도 하고, 의미 없는 결과를 도출하기도 했다. 따라서 BSC는 해당 기업의 상황에 맞게 적절히 사용해야 했다.

A회사의 경우가 그랬다. CEO를 비롯해서 경영진 역시 BSC를 너무 신봉하다 보니 실무자들도 그에 맞춰 모든 것을 해결하려고 했다. CEO부터 말단 실무자까지 일관되게 하는 말이 있었다.

"부작용이 있긴 하지만, 이왕 만든 제도인데다 오랫동안 해왔으니 그냥 그대로 유지하는 것이 좋겠습니다."

재미있는 것은 왜 그렇게 BSC에 집착하느냐고 물으면 CEO는 "우리 경영진이나 실무진이 그래도 BSC라는 틀이 있으니 성과가 올라갑니다, 그래요. 그래서 유지하는 겁니다"라고 대답하고, 경영진이나 실무진은 "사장님께서 워낙 BSC를 신봉하시니까 그렇죠. 저희가 맞춰드리는 수밖에요"라고 대답한다는 사실이었다. 제도를 만든 애초의 목적이 성취되기도 어렵고, 이미 제도의 본질에서 벗어났음에도 누구 하나 깨닫지 못하고 그에 얽매여 있었다. 편리하자고 도입한 제도가 역으로 사용자를 옭아매는 모습이었다.

'스마트폰, BSC, 그리고 그 밖에 또 뭐가 있을까.'

운전하는 동안에는 딴 데 정신 팔지 말라고 스스로에게 몇 번이고 주의를 주었지만 계속 드는 생각은 멈출 수가 없었다.

나의 인생인가, 수첩의 인생인가

그 때문이었을까. 평상시보다 더 막힌 것도 아니고, 다른 길로 온 것도 아닌데 예정보다 30분 늦게 일규 농장에 도착했다. 교수님은 농장 내 집 안에 계셨다.

"죄송합니다. 오늘 좀 늦었습니다."

문을 열자마자 일단 수업에 늦었음을 알렸는데 막상 교수님의 모습은 보이지 않았다.

"아니야, 나도 오늘은 조금 늦게 출발해서 방금 도착했어. 얼른 들어와. 오늘 날이 꽤 쌀쌀해."

교수님은 안방에 계셨다.

사실 이 집은 안방, 서재, 거실 등의 개념이 조금 모호했다. 어느 방이고 벽면의 대부분은 책장이 차지하고 있었다. 사진 액자 몇 개와 야트막한 가구 몇 개가 붙어 있는 벽면을 제외한 나머지 공간은 수십 년간 교수님께서 공부하고 강의 준비하시느라 구해서 읽으신 책들과 후학들을 위해 직접 집필하신 각종 경영학 교과서들이 빼곡히 꽂힌 서가가 차지하고 있었다. 덕분에 이 집은 그 자체로 하나의 서재였다.

"뭐 하고 계십니까?"

안방으로 들어섰더니 교수님께서 뭘 정리 중이셨다.

"응. 겨울이 오기 전에 버릴 건 버리고, 청소 좀 하려고."

'버릴 건 버린다'라고 말씀하셨지만, 몇 달 지켜본 바로는 교수님께서 버리는 것은 거의 없었다. 평소 검소한 교수님의 생활 습관을 아는 사람이라면 당연하다고 여길 것이다. 그저 쌓인 먼지가 있으면 털어내고, 제자리를 잃은 물건들을 원래의 자리로 돌려놓는 정도였다. 손때가 묻은, 그리고 지금도 사용하고 있는 물건들이 대부분이라 괜히 어설프게 돕겠다고 손댔다가는 오히려 방해만 될 것 같아서 옆에서 교수님이 정리하시는 모습을 물끄러미 바라보고 있었다.

잠시 교수님이 정리하던 손길을 멈추시고, 책 한 권을 펼치시더니 한참 들여다보고 계셨다. 고개를 숙여 슬쩍 보니 교수님 손에 들린 것은 책이 아니라 수첩이었다. 무슨 내용인지는 잘 모르겠지만 날짜마다 온갖 숫자와 한글, 영문이 빼곡히 적혀 있었다.

한참 동안 수첩을 이리저리 넘기며 살펴보시던 교수님은 내가 옆에서 같이 수첩을 보고 있다는 것을 아시고는 살며시 웃으시며 내게 수첩을 건네주셨다. 받아서 자세히 살펴보니 수첩에는 날짜마다 시간대별로 미팅의 용건, 참가 인원, 장소, 특이사항 등이 빽빽이 적혀 있었다. 만날 사람들의 이름을 보니 신문이나 방송 등에서 자주 볼 수 있는 저명인사나 전·현직 서울대학교 총장 및 세계적으로 유명한 경영학자들이 꽤 있었다.

"1975년에 서울대학교 종합화 계획에 따라서 따로 떨어져 있던 단과대학들을 일부만 빼고 관악산 캠퍼스로 통합을 시켰어. 내가 강의하던 상과대학은 종암동에 있었는데, 관악산으로 옮겨오면서 학제를 개편해 경영대학으로 간판을 바꿔 달게 됐고. 새롭게 단과대학이 출범하다 보니 뭔가 의미 있는 기여랄까, 관심을 끄는 이벤트랄까 그런 게 필요하더란 말이야. 그때 출범한 것이 '서울대학교 최고경영자과정'이었어요."

"요즘은 거의 모든 대학에 개설되어 있는 과정이죠. 아마 효시가 그때였나 봅니다."

"그렇지. 사업가이던 우리 아버지 유전자가 남아 있어서 그런가, 내가 교수기인 해도 조직을 만들고 일을 추진하는 능력이 학교 선생치고는 좀 괜찮았거든. 하하하!"

실제로도 그랬단다. 교수님과 특별한 재수강을 진행하며 다른 이들로부터 전해들은 바에 따르면 이랬다. 1974년 교수님께서는 경영학의 발전을 위해 동료 교수들과 함께 경제기획원(현재의 재정경제부) 산하에 사단법인 형태의 경영학 연구단체를 하나 만들기로 하셨단다. 하지만 몇몇 사람들이 "감투 쓰기 좋아하는 몇몇 교수가 친목 단체 하나 만들려는 거다"라며 백안시하며 비아냥거린 모양이다. 교수님께서는 그러한 편견을 비웃기라도 하듯이 추진력과 친화력을 바탕으로 한 교섭력을 발휘해 해외파 경영학 박사 50명과 MBA 출신의 중견 기업인 30명을 모아 총 80명의 회원을 갖춘 대한민국 최초이자 최대인 경영학 연구단체를 만드셨다고 한다.

현재 한국경영연구원이라고 불리는 그 단체는 40년이 넘도록 경영학 분야에 학문적 기여를 계속하고 있으며, 우리나라 기업들이 세계 수준으로 발돋움해서 글로벌 무대에서 당당히 겨룰 수 있도록 하는 데 큰 도움을 주고 있다고 한다. 한국경영연구원의 발기인이자 연구위원, 부원장, 원장, 이사장까지 지내신 교수님은 말 그대로 한국경영연구원의 산파이자 산 증인이라고 할 수 있다.

아무튼 교수님이 1년간 여러모로 노력한 끝에 1976년 봄 학기부터 시작된 최고경영자과정은 "가뜩이나 바쁜 회사 사장님들이 수업 받으러 오겠어?", "재미 삼아 한 서너 명 신청했다가 대부분 바빠서 결석하고 1년도 못 가서 폐강하겠지"라는 질시 섞인 비난을 뒤로 하고, 우수한 교수진과 탄탄한 교육 과정, 최고 수준의 강의를 제공하리라는 소문이 퍼지면서 1기 모집 때부터 3 대 1이라는 경쟁률을 보였다고 한다. 또한 '생사관리'의 곽 교수님께서 기획한 과정답게 강의 관리 또한 엄격해, '사장들의 친목의 장' 정도로 여긴 처음의 우려와는 달리 엄격한 학사 관리를 통해 '휴강 없는 과정', '자주 결석하면 제적이 되는 과정'으로 자리 잡았다고 한다.

교수님께서 청소 중에 펼쳐 보시던 수첩은 바로 그 최고경영자과정의 주임교수로 일하실 때 사용하던 것이었다.

"그때 내가 최고경영자과정 주임교수를 6년이나 하다 보니까 대한민국의 웬만한 이름 있는 기업의 CEO들은 다 만나게 되었어요. 일주일에 이틀, 저녁에 수업이 있었는데, 주임교수는 자기 수업이 없는 날에도 수강생 관리를 포함한 전반적인 과정을 살펴보기 위해 강의장에 나와 있어야 했어. 그 사람들과 어울려서 밥도 먹고 술도 마셔야 했고. 낮에는 내 수업 강의하고, 틈틈이 연구실에 데리고 있는 박사과정 학생들 논문 지도도 해줘야 하고. 내가 그때는 감투를 여러 개 쓰고 있어서, 내 역할 다하려면 몸이 열두 개라도 모자랄 지경이었다니까."

굳이 교수님의 설명을 듣지 않아도 알 수 있었다. 수첩에는 교수님의 치열한 시간들이 남아 있었다. 서너 개의 회의와 업무들이 30분 간격을 두고 계속되는 날도 있었고, 어떤 때는 저녁식사 약속이 한 시간 반 간격으로 두 번 잡혀 있는 경우도 있었다. 그래서 교수님은 어느 곳에 가더라도 꼭 수첩을 챙겼단다. 밥을 먹다가도, 차를 마시다가도, 친구와 이야기를 나누다가도 수첩을 꺼내서 일정을 썼다 지웠다를 반복했다고 한다.

"아마 내가 전에 말한 적 있을 거야. 내 소설가 친구. 어느 날 그 친구랑 밥을 먹는데, 그 친구가 너는 그게 네 인생이냐, 수첩 인생이냐 했다던 말."

그랬다. 아마 두 번째 수업 날이었을 것이다.

"너는 네 인생을 수첩에 적어놓는 거냐, 수첩에 적어놓은 대로 인생을 사는 거냐 하고 묻는데, 무슨 이야기를 하는 건지 감이 탁, 오더라고. 그래서 내 적고 있던 수첩을 덮고 친구랑 밥 맛있게 먹었지."

우리는 소중한 약속을 잊지 않기 위해, 약속을 더 잘 지키기 위해 스마트폰이나 수첩에 메모를 한다. 그런데 정작 약속에 나가서는 상대의 얼굴을 보며 대화하기보다는 스마트폰을 만지작거리거나 다른 사람의 메시지에 답하느라고 정신없다. 즐거웠던 만남을 오래 기억하기 위해 찍는 사진도, 최근에는 음식점이나 콘서트 장, 여행지, 심지어는 극장 안에서까지도 무분별하게 찍어대느라 함께 있는 사람을 피곤하게 하고 주변 사람들을 불편하게 만들어 정작 모임의 의도는 뒷전이 된다. 교수님의 친구분은 바로 그러한 면을 지적한 것이었다.

몇 장 뒤로 넘겨보니 점차 수첩에 공백이 보이기 시작했다. 그렇게 공백이 있는 날의 글씨들이 앞서 복잡했던 날들의 글씨보다 한결 여유 있어 보이고 훨씬 더 활기차 보였다. 물론 내 느낌 탓인지는 모르겠지만.

형식적인 것들이 본질을 소외시킬 때

마침 교수님도 청소를 멈추시고 잠시 쉬시는 것 같아 나는 여의도에서 목격한 사건을 이야기해드렸다.

"큰일 날 뻔했구먼. 어린 친구가 많이 안 다쳤어야 할 텐데……."

"그러게 말입니다. 그나마 구급차가 빨리 도착해서 다행이었습니다. 정밀 검사를 받아봐야 알겠지만, 아직 어린 학생이니만큼 어른보다는 회복이 빠를 거라고 생각하고 싶습니다."

"그래야지. 그런데 그 친구, 스마트폰을 본질에 맞게 사용하지 않았네그려."

"맞습니다. 바로 그래서 생긴 문제죠."

교수님의 말씀에 나는 내심 놀랐다. 농장으로 오면서 내가 골똘히 생각했던 바로 그 문제에 대해서 지적하셨기 때문이다. 마침 잘됐다 싶어 오면서 떠오른 여러 가지 생각들, BSC를 맹신하던 A회사 이야기, 또 다른 유사한 사례 등에 대해 말씀드렸다. 교수님은 내 이야기를 들으시며 간혹 고개를 끄덕이시거나 맞장구를 쳐주셨다.

그리고 나는 내 삶에 큰 영향을 미쳤던 '소외'의 개념까지 이야기를 확장시켰다. 내가 대학에 입학한 1982년은 한국 사회가 매우 혼란스러운 시기였다. 민주화를 외치는 데모가 수시로 일어났고, 사복경찰들이 학교 안에 상주하며 수시로 지나가는 학생들의 책가방을 뒤지곤 했다. 혹시라도 불온서적이나 유인물을 갖고 있지 않을까 해서다.

입학 후 나는 우리 학교를 비롯해 여러 학교가 공동으로 참여하는 사회과학 토론 서클에 들어가 일주일에 한 번씩 책을 읽고 토론하는 모임을 가졌다. 그동안 정해진 사회규범에 맡게 공부하고 대학에 들어왔던 나는, 모임에서 선배들의 토론을 들으며 충격을 받았다. 내가 알던 역사, 내가 알던 옳고 그름의 개념, 내가 믿었던 가치들이 흔들렸다. 얼마나 혼란스러웠는지 모른다. 그때 나눈 토론의 내용이 지금은 거의 기억나지 않지만, '소외'라는 개념 하나만큼은 또렷하게 남았다. 그리고 나는 소외되지 않는 삶을 살기 위해 노력해왔다.

철학 사전에 나와 있는 '소외의 개념'은 다음과 같다.

> 인간의 사회적 활동에 의한 산물, 즉 노동의 생산물, 각종 사회적 관계, 금전, 이데올로기 등이 이것을 만들어낸 인간 자신을 지배하는 소원(疏遠)한 힘으로 나타나고, 그것을 만들어낸 인간의 활동 자체가 바로 그 인간에게 속하지 않고 외적(外的)인, 강제적인 것으로 나타나는 상태를 가리키는 개념. 이와 같은 상태에서는 인간은 자신의 본질을 거세당하고 또 다른 인간들과의 관계가 왜곡되어 나타난다.

여느 철학 관련 기술이 그러하듯 수사적인 표현이 많아 굉장히 복잡하고 어렵게 느껴지지만, 나는 이를 '인간이 만들어낸 것이 인간 자신을 지배하여 인간의 본질을 상실하게 만드는 것'이라고 이해했다. 즉 '형식이 본질을 장악해버릴 때'를 소외라고 하는 것이다. 스마트폰을 예로 들어보자.

사람이 편리한 생활을 영위하도록 스마트폰을 만들어냈는데, 오히려 스마트폰이 인간을 지배해서 인간의 본질을 벗어나게 하는 상태. 때문에 역으로 사람들이 스마트폰에 구속되는 현상을 낳으며, 결과적으로 삶이 피폐해진다.

아마도 BSC나 수첩 등을 대입해도 비슷할 것이다. 마르크스(Karl Heinrich Marx)를 비롯한 여러 학자가 이에 대해 직접 연구하거나, 이런 개념을 활용하여 우리가 만들어낸 재화나 제도, 시스템이나 정책 등이 실제로는 우리 인간을 본질로부터 얼마나 멀어지게 했는지에 대해 연구해왔다. 묵묵히 듣고 계시던 교수님께서도 본인의 경험담을 들려주셨다.

"내가 최고경영자과정을 지도하다 보니 기업 경영에 대해 좀 더 실질적인 연구를 해보고 싶었어요. 그래서 수강생이던 CEO들과 함께 저녁을 먹는다거나, 주말에 만나 이런저런 대화를 나누는 것을 즐겨 했어요. 근데 이 사람은 만나주고 저 사람은 안 만나줄 수 없잖아? 이 사람도 만나고, 저 사람도 만나고, 한 사람 두 사람 더 만나다 보니 일주일 내내 아침이고 점심이고 저녁이고 약속이 꽉 차게 된 거야. 그러다 보니 결국 기업 경영에 대한 연구를 할 시간이 없는 거라."

기업 경영에 대한 혜안을 얻고자 시작한 만남과 모임이 정작 그에 필요한 시간을 뺏아가버린 상황은 전형적인 '소외 현상'이었다. 내 의견에 교수님께서도 고개를 끄덕이셨다.

실제로도 우리 주변의 삶을 살펴보면 그러한 소외 현상은 어디서든 쉽게 볼 수 있다. 누가 만든 제도인지도 모르면서 그냥 원래 있던 제도라서 계속 유지하는 기업, 사랑하지 않으면서도 결혼이라는 제도 때문에 어쩔 수 없이 사는 부부, 무조건 암기만 시키는 교육, 입사 스펙(specification)을 쌓는다면서 정작 조직 생활에 필요한 갖가지 경험이나 인간관계를 등한시하는 젊은이 등 셀 수 없이 많다. 내가 더 나은 삶을 살기 위해 만들어내고 이용하고 있는 것들이 그 본래의 목적을 상실하고 오히려 내가 그것들에 속박되어 불행하게 살고 있다면, 그러한 속박을 과감하게 털어버리고 본질을 추구해야 한다. 더 이상 내가 행복하기 위해 만들어낸 것들이 역으로 나를 불행하게 만들게 놔두어서는 안 된다.

그렇다면 어떻게 해야 이런 소외 현상에 휘말리지 않고 본질에 충실한 삶을 살 수 있을까.

'아니오'라고 말할 때를 배우라

"밥이나 먹으러 갑시다."

막 교수님께 소외로부터 삶의 본질을 지키는 길에 대한 질문을 던지려는데, 교수님께서 저녁을 먹으러 가자며 차를 준비시키셨다.

이제야 하는 말인데, 교수님께서는 직접 차를 운전하지 않으신다. 심각한 위출혈을 몇 번 겪으신 까닭에 직접 운전을 하시면 큰일이 나기 때문이다. 운전은 자칫하면 본인뿐 아니라 남에게도 해를 끼칠 수 있다. 그런 연유로 교수님은 따로 기사를 두고 계신다.

그다지 멀지 않은 곳이라고 해서 교수님의 차로 함께 이동하기로 했다. 덕분에 궁금했던 질문을 차 안에서 할 수 있었다. 내 질문에 교수님은 잠깐 생각에 잠기시는 듯하더니 역으로 내게 질문을 던지셨다.

"우리 집 뒤편에 내가 잘 가는 단골 레스토랑이 있어. 내가 거길 갈 때 걸어서 갈까, 차를 타고 갈까?"

뜬금없는 질문에 나는 머뭇거리며 대답을 하지 못했다. 교수님의 질문은 계속 이어졌다.

"우리 집에서 조금만 가면 양재천이 있어요. 그 근처에 아주 괜찮은 식당이 있거든. 근데 내가 거길 갈 때 걸어서 갈까, 차를 타고 갈까?"

"나는 사야 할 물건이 있으면 주로 C마트를 자주 가요. 그러면 거기 갈 때 걸어서 갈까, 차를 타고 갈까?"

애초에 답을 들으시려고 던지시는 질문은 아닌 듯했다. 나는 그저 '글쎄요'라고 답할 수밖에 없었다. 안 그래도 교수님의 답은 "걸어갈 때도 있고, 차를 타고 갈 때도 있다"였다.

"단골 레스토랑에 갈 때는 운동 삼아 공원을 가로질러 가요. 시간이 촉박하거나 비가 오거나 할 때는 차를 타고 가고. 그러다가 돌아올 때 여유가 있거나 날씨가 괜찮으면 차는 먼저 집으로 보내고 슬슬 걸어오기도 하고."

매우 당연하고 단순했지만 그 안에 담긴 뜻은 그렇지 않은 듯했다.

"차가 주체가 아니에요. 차가 있으니까 타고 가야지? 그런 게 아니라 차를 타고 가는 것이 너 나은 상황이라고 판단되면 그렇게 하는 거예요. 다리도 튼튼하겠다, 걸어가는 게 더 좋겠다는 생각이 들면 그렇게 하는 거고."

"그런데 대부분 그렇게 하지 않는다는 말씀이시군요."

"그렇지. 주차할 데가 없어서 그 주위를 몇 바퀴나 돌면서 시간을 허비하면서까지도 남과 비교당하기 싫어서 자기 체면을 위해 굳이 차를 몰고 다니는 사람, 아무 생각 없이 차가 있으니까 습관처럼 몰고 다니는 사람이 많지. 그런 사람들이야말로 '차를 위해 사는 삶', '차에 의해 사는 삶'이자, 자네의 표현을 빌리자면 그 '차로부터 소외된 삶'이지."

그렇다면 지금 삶의 방식을 영위하면서, 내 안에 있으면서도 외부에 있는 수많은 것들로부터 소외당하지 않고 살 수 있는 방법은 무엇일까? 아까 스마트폰으로부터 소외된 학생의 사고를 목격한 뒤부터 방금 교수님께서 시장 갈 때도 차를 몰고 가는 이들에 대한 이야기를 하실 때까지 곰곰이 생각해봤지만, 어떻게 하면 좋을지 쉽게 떠오르지 않았다.

그때였다.

"They should know when to say no!"

차가 멈추고, 차에서 내리시던 교수님이 한마디 던지셨다. 식당으로 들어서며, 나는 교수님께 그 말이 무슨 뜻인지 물었다.

"언제 '아니오' 라고 할 건지를 배워야 한다는 뜻이에요."

교수님은 자리에 앉으시며 말씀을 이으셨다. 교수님의 의견에 따르면, 현대 사회의 병폐 중 하나가 지나치게 다른 사람에게 신경 쓰는 것이라고 한다. 그러다 보니 '예' 라고 하는 법만 배우고, 정작 필요할 때에 '아니오' 라고 하는 법을 배우지 못했다는 것이다. 유행이 퍼질 때, 다른 사람들이 모두 그에 따라가며 그것을 이른바 '대세' 라고 주장해도 본인이 주도적으로 판단하여 내게 필요치 않고 어울리지 않는 것이라면 과감하게 '아니다' 라고 말해야 하는데, 그러지 못하고 다른 사람들에 휩쓸려, 혹은 스스로의 타성에 젖어, 혹은 이도저도 아니고 그냥 어쩌다 자기 주도성을 잃고 결국은 소외되어버리는 일이 잦다는 것이었다.

식탁이 차려지고 주문한 음식이 나왔다. 식사를 하면서도 교수님의 말씀은 계속되었다.

"나도 그랬잖아? 내가 내 인생이 아니라 수첩 인생을 살고 있구나 싶어서, 거기서 탈피하기 위해서 노력했어. 이젠 약속할 때 '노(No)' 라고 좀 해야겠다. 그래서 약속이 많아질 것 같으면 내가 '노' 라고 했어. 그래야 누가 밥 먹자 그러면 기꺼이 가서 즐

겁게 대화할 수 있지. 지금 자동차니 핸드폰이니 에어컨이니 하는 것들도 그래. 생활이 편리해지니까 쓰긴 해야 할 거야. 그런데 언제 어떻게 쓸 건지 꼭 생각해봐야 해. 가까운 거리 너무 차 많이 타고 다니면 다리의 근력이 떨어져. 그러면 좀 더 건강하게 살 것도 줄어들어. 에어컨도 날 덥다고 막 쓰다가는 오히려 냉방병 걸리잖아요? 스마트폰도 그래. 스마트폰 참 편리해. 여러 사람이랑 한꺼번에 연락도 할 수 있고, 멀리 떨어져 있는 사람과도 얼굴 보며 연락할 수 있고. 그런데 그럴 거면 사람 뭐 하러 만나요? 그냥 스마트폰으로 만나고 말지. 사람을 만나서 즐거운 시간 보내고 싶다면 그 사람한테 집중해야지. 스마트폰으로는 느낄 수 없는 상대방의 생생한 표정을 느끼면서. 스마트폰은 그걸 도와주는 입장이고. 그러니 본인 스스로가 잘 알아서 '이제 그만' 해야지. 그러니 내가 언제 '노'라고 할지를 꼭 생각해봐야 해요."

맞는 말씀이셨다. 분명 문명은 변하고 있고, IT 기술은 인간의 생활을 편리하게 바꿔놓고 있다. 하지만 주객이 전도되어서는 안 된다. 기술이 인간 생활에 도움이 되어야지, 인간이 기계의 노예가 되어서는 안 된다. 사실 하루쯤 스마트폰을 꺼놓고 컴퓨터를 멀리 한다고 해서 우리 생활이 크게 달라질 것은 없다. 조금은 불편하겠지만 말이다. 대신 그 틈을 이용해 우리가 평상시에 보지 못한 것, 느끼지 못한 것을 더 많이 보고 느끼게 되지 않을까?

그렇다면 어떻게 우리는 '노'라고 말하는 법을 배울 수 있을까? 교수님의 말씀에 실마리가 있었다.

"우리 집에 빈 방이 하나 있는데, 내가 손주들 오면 그 방에서 재미있게 지낼 수 있도록 컴퓨터나 전자기기 같은 걸 갖다놨어요. 근데 나 그거 써라 쓰지 마라, 이런 얘기 안 합니다. 컴퓨터 너무 많이 했으니 이제 그만 해, 이런 말 안 해. 그냥 스스로 생각해서 너무 많이 썼다는 생각이 들면 그만 해라, 정도만 이야기해두지. 아직 어리지만 스스로 판단할 수 있도록 말이야. 그래서 교육이 중요해요. 문명의 이기와 물질문명에 대해 휩쓸려가지 않고 분명한 자기주도권을 쥐고 살 수 있도록 가르쳐줘야지."

단순히 기술 이용에만 그치는 이야기일까? 부모라는 이름으로 아이의 인생에 간섭하고 이래라저래라 하면서 정작 중요한 아이의 인생으로부터 소외시킨 것은 아닐까? 남의 시선, 흔히 말하는 남의 오지랖 때문에 진짜 내 삶은 소외시켜온 것은 아닐까? 그러고 보니 교수님의 말이 다시 한 번 와 닿았다. 그래서 나는 급히 메모지에 정리했다.

삶의 본질에 집중하기

'아니오'라고 말하는 법을 배우고 가르치기

| 열한 번째 수업 |

어떻게 나이들 것인가

→·✦·←

나이 듦에 대하여

오늘도 새벽부터 눈이 떠졌다. 예전엔 늘 잠이 부족한 듯했는데, 언제부터인지 새벽부터 눈이 떠지는 등 아침잠이 부쩍 없어진 느낌이다.

'늙어서 그런가?'

갑자기 든 생각에 나는 고개를 힘차게 저었다.

'아니야, 늙기는 무슨.'

다행히 나는 나이에 비해 동안인 편이고, 생활습관 역시 신경써서 관리해온 만큼 잘은 몰라도 신체 나이가 내 나이보다는 어릴 것이라고 믿는다. 특히 나는 '인생의 시계'에 신경을 써왔다. 존 레논의 아내, 요코 오노는 이렇게 말했다.

"어떤 사람은 열여덟에도 늙고, 어떤 사람은 아흔 살에도 젊다."

즉 생물학적 나이에 얽매이지 말라는 뜻이다. 하지만 우리는 지나간 시절을 늘 그리워한다. 50대에는 40대를, 40대에는 30대를, 30대에는 20대를, 20대에는 10대를. 그렇게 지나간 젊음을 그리워하며 또 동경한다. 그렇다면 오히려 거꾸로 해보는 것은 어떨까? 30대에는 40대의 모습을 상상하며 아직 그보다 젊음을 기뻐하고, 40대에는 50대의 모습을 생각하며 아직 그보다 더 생생함을 기뻐하는 것이다. 중요한 것은 '내가 느끼는 나이'다. 젊은 나이임에도 늙었다고 생각하면 할 수 있는 일들을 포기하게 되고, 나이가 좀 들었지만 젊다고 생각하면 한계를 뛰어넘을 수도 있다. 나이는 숫자에 불과하다. 내가 어떤 마음으로 어떻게 사느냐가 중요할 뿐.

그래서 나는 내 인생의 시계를 30대 후반에서 40대 초반 사이로 맞춰 놓았다. '100세 시대'라는 말이 공공연하게 나도는 요즘 세상에 지금의 내 나이는 과거 평균수명이 짧았던 시대로 치면 20~30대 정도 될 것이다. 따라서 물리적 나이에 매여 사는 것보다는 젊고 활기차게 사는 게 어떨까 싶어 그렇게 한 것이다. 이렇게 마음먹게 된 결정적 계기는 동창회에서 옛 친구들을 만나고 난 뒤였다.

매우 오랜만에 동창들끼리 밥이나 먹자고 연락이 와서 반가운 마음에 약속 장소에 나갔다. 그런데 귀가할 무렵에는 가슴속 가득 쓰라림과 아쉬움, 뭔가 알 수 없는 허전함이 밀려왔다.

모임에 참석한 동창들 일부는 사회생활을 하면서 어떤 좌절과 시련, 어려움과 고통을 겪었는지 모르겠지만 미래에 대한 비전도 기대감도 없이 축 늘어진 어깨에 빛을 잃은 눈초리로 남의 허물이나 입에 올리고 푸념들을 늘어놓았다. 그런 친구들이 내 눈에는 한참이나 더 나이 들어 보였다.

반대로 제법 성공하고 자리를 잡은 친구들은 자신만만했지만 몇몇은 정서적인 공감이 부족해 보였다. 세간에서 이야기하는 '꼰대'의 모습이랄까. 식당 종업원이나 주차관리 직원에게 아무렇게나 반말을 하고, 앞에 앉은 친구의 형편이 안 좋다는 걸 빤히 알면서도 언제 한번 골프나 치러 가자며 멋대로 이야기를 늘어놓았다. 심지어는 정치, 사회, 종교 문제에 대해서 지나치게 자기 관점에서 훈계를 늘어놓으며 어른 행세를 하기도 했다. 그런 모습에 오만정이 다 떨어져버렸다.

나는 그런 모습이 싫어서 젊은 정신과 활력, 상대방에 대한 배려를 잃지 않으려 노력하며 살아왔다. 늘 적극적으로 새로운 정보, 새로운 문화를 받아들이기 위해 신경 썼다. 부하직원들이나 주위 후배들에게 '꼰대' 소리를 듣지 않기 위해 수시로 내 모습과 행동들을 되짚어보고 보다 젊게 살기 위해 노력해왔다. 딸아이와도 수직적인 부녀관계보다는 함께 삶을 만들어가는 동반자적 관계를 맺으려고 노력해왔다. 덕분에 나는 지금이 가장 젊을 때라고 생각한다. 지금 이 순간이 항상 내 남은 날 중의 첫 날이다.

이렇듯 어떻게 나이 들 것인가 하는 문제도 우리 인생에서 중요하다. 지금껏 나이가 든다는 것을 적극적으로 부정하며 그 회오리바람 속에 휘말리지 않기 위해 애쓰며 살아왔다면, 이제는 나이가 든다는 것을 조금은 여유 있고 편하게 즐겨야 할 때가 아닐까. 그 부분에 같이 고민하고 답해줄 적임자를 이미 나는 알고 있었다.

100점짜리 나무

일규 농장에는 흰 눈이 소복하게 쌓여 있었다. 농장 관리인께서 깨끗하게 쓸어 놓은 농장 진입로를 제외하고는 온통 눈 천지였다. 그 눈들을 보니 이제 또 한 해가 저물어간다는 생각이 들어 마음이 묘했다. 교수님 역시 막 도착하신 듯 보였다.

"오느라 고생 많이 했어요. 눈이 너무 잘 왔어."

"고속도로나 국도 같은 큰 도로는 괜찮았는데, 지방 도로로 접어드니까 눈을 아직 못 치운 곳이 많더라고요. 조심해서 오느라 조금 늦었습니다."

"나도 방금 왔어요."

눈을 치워놓은 도로 끝, 숲으로 난 작업로에 눈을 헤집고 난 큰 바퀴자국이 보여서 뭔가 했더니 나무를 사기 위해 교수님과 나보다 먼저 도착한 조경업자가 있었다. 2.5톤짜리 트럭을 숲 한쪽에 대놓고 농장 관리인과 같이 가지고 갈 나무를 보고 있었다. 교수님은 그 모습을 먼발치에서 바라보고 계셨다.

"안 가보셔도 되겠어요?"

"뭐 알아서들 잘하겠지. 지금 저 양반들이 사러 온 나무가 구상나무라고, 미국에서 크리스마스트리를 만들 때 최상급으로 쳐주는 나무예요. 그런데 저 나무의 진짜 이름이 재미있어. 저 나무의 학명이 에이비스 코리아나(Abies Koreana)인데, 에이비스가 라틴어로 전나무를 뜻한대. '한국산 전나무'가 저 나무의 학명인 거지."

의외였다. 나는 한창 흥정을 하고 있는 사람들 사이로 우뚝 서 있는 구상나무를 바라보았다. 어린 시절 그림책에서 보았던, 부유한 미국 가정의 거실 한가운데에 장식되어 있던 전형적인 크리스마스트리 모습 그대로였다. 무척이나 잘생긴 나무였다.

"저 나무가 미국에서 무척 인기야. 그래서 저기 보이는 저 정도 크기의 나무가, 잘생긴 것은 1만 5000달러(한화로 약 1700만 원)까지도 받거든. 그런데 한국에서는 얼마 쳐주는 줄 알아요?"

"글쎄요, 교수님께서 묻는 뉘앙스로 보니까 터무니없는 가격인가 본데, 한 300만 원쯤일까요?"

"300만 원? 에끼, 그 정도 주면 다행이지. 20만 원이래, 20만 원. 아마 저 업자도 많이 불러봐야 30만 원 아래일 거야. 그 돈 받고는 못 팔지. 나야 그냥 보기 좋고 기르는 게 재미있어서 나무 심는 사람이니까. 제값 못 받으면 그냥 두고 즐길 거야. 저 봐요, 얼마나 잘생겼어."

교수님께서 나무를 사러 온 사람에게 별 신경도 안 쓰고 흥정에도 직접 관여하지 않은 이유를 알 것 같았다. 나무를 팔 마음이 별로 없으신 터였다. 교수님이 나무를 보내는 때는 주로 나무가 너무 커서 서로의 생육을 방해해 솎아주기 위한 경우와 다른 나무를 심으려고 자리를 마련하기 위한 경우였다. 나무 키우는 것 자체를 즐기시는 교수님께 나무 값을 흥정하고 사고파는 일은 크게 의미가 없었다. 심지어 제값이 아니라는 생각이 들 때면 아무리 시세보다 높게 쳐준다고 해도 나무를 팔지 않으신다고 했다. 덕분에 인근 조경업계에서는 '독특한 나무농장주'로 제법 유명하다고 했다.

"자, 우리는 저쪽에는 신경 끄고 다른 나무나 구경하러 갑시다."

교수님과 나는 구상나무 숲의 반대쪽으로 걸어 들어갔다. 나무 숲 사이에는 눈이 그대로 쌓여 있어서 장화가 무릎 부근까지 푹푹 파묻혔다. 마치 설원을 건듯 어렵게 걸어 들어가니, 그야말로 나무마다 눈꽃 천지였다.

눈꽃 길을 걸으며 나는 교수님께 오늘은 나이 듦에 대한 이야기를 나누고 싶다고 말씀드렸다. '나이 듦'이라는 주제에 대해 함께 고민해줄 적임자로 곧바로 교수님을 떠올린 것은, 교수님은 내가 아는 사람 중에 '가장 자기 나이답지 않게 사는 분'이었기 때문이다.

고희를 넘긴 원로교수임에도 아침마다 CNN과 BBC, 유로 뉴스(Euro News) 등 해외 뉴스를 챙겨 보신다. 다른 사람과 이야기를 하면서도 이런 해외 방송이 틀어져 있으면 다 들리실 정도라고 한다. 아이패드를 비롯해서 태블릿 PC 다섯 대, 일반 PC 세 대 등 IT 기기도 자유자재로 다루신다. 인터넷 홈페이지 메인 화면은 네이버가 아닌 뉴욕타임스(New York Times)로 해놓으시고, 책도 미국 아마존에서 이북(e-book)으로 사서 원문으로 보신다. 페이스북(Facebook)과 카톡(Kakao Talk) 등과 같은 SNS를 다루는 솜씨도 수준급이시다.

이런 최첨단의 젊은 삶을 향유하시는 분도 분명 내 나이 때에는 나처럼 '나이 든다는 것'에 대한 고민을 하셨을 것이다. 하지만 교수님은 역으로 엉뚱한 질문을 던지셨다.

"신 대표, 혹시 나무 가격을 어떻게 매기는지 알아요?"

알 리가 없었다. 교수님은 왕벚나무가 잔뜩 심긴 숲으로 나를 이끄셨다. 그러더니 그중 가장 굵고 덩치가 큰 나무 하나를 손으로 짚으시며 나무 가격을 산정하는 기준에 대해 말씀해주셨다.

"지면에서 잰 나무의 굵기가 1센티미터면 그걸 1점이라고 불러요."

"10센티미터면 10점이겠군요."

"그렇지. 그리고 이렇게 잰 나무의 '점'에 따라서 나무의 가격이 매겨져요. 당연히 점이 높을수록 나무 가격도 급격히 오르고. 그러니까 10점과 20점 나무 간의 가격 차이보다는 20점과 30점 나무 사이의 가격 차이가 훨씬 크지."

"그럼 이 나무는…… 45점쯤 되겠군요."

나는 교수님께서 손으로 짚고 계신 왕벚나무 밑동의 지름을 얼른 눈대중으로 재본 후 말해봤다. 그러자 교수님께서 빙그레 웃으시더니 오른손을 내 가슴에 얹으셨다.

"신기하게도 몇몇 나무는 흉고(胸高)라고 해서 지면이 아니라 여기 사람 가슴 높이에서 점을 매겨요. 이 왕벚나무도 그런 나무 중 하나고. 그러니까 여기서 이렇게 재면……."

"30점 정도가 되겠네요."

"그렇지! 신 대표 잘하네!"

나는 얼른 눈을 돌려 눈에 보이는 나무들의 점을 재보면서 교수님께 물었다.

"교수님, 혹시 여기 굵기가 1미터 되는 나무는 없나요?"

나는 100점짜리 나무를 찾기 위해 여기저기 살펴보았지만 보이지 않았다. 그리고 자연스럽게 교수님의 오늘 수업이 시작되었다.

내 '참삶'의 나이는 몇 살일까

"신 대표, 저기 저 나무가 안 보여요?"

교수님께서 손으로 가리킨 곳에는 한눈에 봐도 채 30점이 안 되어 보이는 나무 한 그루가 서 있었다.

"교수님, 저건 그냥 보기에도 20점 겨우 넘을까 말까 해 보이는데요."

하지만 교수님은 다가가서 그 나무를 쓰다듬으며 말씀하셨다.

"100점이에요. 암, 이 녀석이 100점이 아니면 어떤 나무가 100점이겠어?"

순간 교수님께서 100점이라고 한 나무의 '점'이 조금 전 내가 알게 된 그 '점'이 아닐 수도 있겠다는 생각이 들었다.

"나무를 볼 때 얼마나 오랫동안 잘 컸는가, 굵기가 어느 정도인가 알아보는 것은 분명 중요해요. 하지만 그 나무가 어떤 땅에서 어떤 환경을 겪으며 어떤 모습으로 자랐는지, 어떤 방향으로 어떤 형태의 가지를 뻗었는지도 중요하거든. 그게 다 합쳐져야 그 나무가 100점인지 0점인지 결정이 되는 거예요. 아무리 굵기가 1미터 넘어도 멋없이 훌쩍 웃자란 쭉정이 나무가 있는가 하면, 15센티미터밖에 안 자랐어도 자기 땅에 탄탄하게 뿌리를 박고, 온갖 어려운 환경을 다 겪어내며 균형 있게 잘 자라서 사방으로 가지를 멋들어지게 뻗은 나무들도 있잖아? 그런 나무는 굵기 볼 것 없이 그냥 100점이야, 100점. 바로 이 녀석처럼."

그 말씀에 다시 한 번 교수님이 쓰다듬고 있는 소나무를 쳐다보았다. 꼼꼼히 살펴보니, 굵기는 15점에 불과할지라도 100점짜리의 풍모를 느낄 수 있었다.

"우리 삶도 마찬가지에요. 그저 나이를 한 살, 두 살 더 먹어 연륜의 나이테가 1점씩, 2점씩 쌓여간다고 해서 100점짜리 인생은 아니거든. 어디로 가지를 뻗었고, 얼마나 단단히 뿌리를 내렸는가, 즉 어떤 인생을 살아왔고, 얼마나 열심히 살아왔는가,

그 인생이 다른 사람의 삶에 얼마나 긍정적 기여를 해왔는지 등을 종합적으로 살펴봐야지. 그래야 그 삶이 제대로 된 삶이었는지, 그냥 대충 지나온 삶이었는지를 알게 되지 않겠어요?"

말씀을 듣고 보니 몇 해 전 읽었던 박노해 시인의 시 한 편이 떠올랐다. 「삶의 나이」란 시를 보면, 터키의 악세히르 마을 사람들이 자신들의 나이를 세는 독특한 방법이 표현되어 있다. 이 마을 사람들은 '사는 동안 진정으로 의미가 있고 사랑을 하고 오늘 내가 정말 잘 살았구나 하는 잊지 못할 삶의 경험이 있을 때마다 집 문 기둥에 금을 하나씩 긋는다'고 한다. 그 금은 '참삶의 나이'로, 죽고 나면 문기둥에 몇 개의 금이 있는지 세어 그 '참 삶의 나이'를 묘비에 새겨준다는 것이다. 그래서 묘비를 보면 세 살, 다섯 살, 여덟 살, 이런 식으로 써 있다고 한다.

순간 우리가 너무 시간적 나이에만 연연해하며, 나이 먹는 것을 싫어하고 한탄하는 데 에너지를 허비하고 있는 것은 아닌지 하는 생각이 들었다. 만약 교수님의 방식으로 인생의 점수를 매긴다면, 그리고 악세히르 사람들처럼 '참삶의 나이'만을 묘비에 새긴다면 시간의 흐름에 의한 나이 듦은 더 이상 문제 되지 않을 것이다. 제대로만 산다면 나이 먹는 일이 더 기쁘고 보람되지 않을까?

우리말에 '곱게 늙는다'는 표현이 있다. 대부분의 사람들은 이 말을 외모적인 것으로 생각한다. 늙어서도 건강을 유지하고, 피부가 젊은이처럼 고와야 한다는 식으로. 하지만 진짜 속뜻은

그렇지 않을 것이다. 나이가 들어감에 따라 지혜, 교양, 기품, 덕망 등을 두루 갖추어 주위로부터 존경받는 사람이 되어야 한다는 뜻을 담고 있을 것이다. 즉 외모뿐 아니라 마음 씀씀이와 행동거지까지 모두 포함하는 말이며, 이런 사람을 볼 때 우리는 스스럼없이 그런 표현을 할 수 있을 것이다.

하지만 주위를 보면 오히려 나이가 들수록 욕심과 아집으로 가득 차 '추하게 늙는' 사람을 많이 본다. 자기의 무용담을 자랑하느라 다른 사람의 이야기에는 귀를 닫는 사람도 있고, 무덤까지 싸 가지고 갈 수 없는 돈에 여전히 집착해 주위 사람들로부터 눈총을 받으며 존경을 잃는 사람도 있다. 죽고 나서 내 무덤에 꽃 한 송이 놓아줄 사람들이 돈이나 권력보다 더 중요한데 말이다.

이날만큼은 메모지에 교수님의 가르침보다는 내 스스로의 깨달음을 적어 넣었다.

다른 사람의 생물학적 나이는 묻지도 기억하지도 말자.
대신 경험이나 지혜로부터 오는 내면의 나이, '참삶의 나이'를 세자.

뒤이어 교수님의 덧붙이는 말씀이 들려왔다.

"난 사람들이 나이 든다고 해서 너무 서운해할 필요는 없을 것 같아요. 나이 든다는 건 말이야, 와인이 숙성되는 것과도 같거든. 와인이 숙성되면서 맛도 달라지잖아? 사람도 그래요. 숙성되면서 사는 맛도 달라지고, 보는 관점도 달라지고, 사람들을 바라보고 평가하는 방식도 달라지고, 다른 사람들이 나를 대하는 시선이나 평가도 달라지고. 그래서 어떻게 보면 한 육십쯤 되는 것이 좋지 않을까 싶어요."

| 열두 번째 수업 |

헤어짐에 대처하는 우리의 자세

→·✦·←

친구의 죽음을 떠올리며

어느덧 시간이 흘러 마지막 수업을 하는 날이 되었다. 재미 삼아 '수업'이라는 이름을 붙이긴 했지만 기간을 정해두고 시작한 것도, 딱히 정해진 시간표가 있는 것도 아니었다. 그저 첫 수업이 시작될 무렵 교수님과 함께 이야기 나누고 싶었던 것들을 쭉 적어놓은 일종의 커리큘럼대로라면 오늘이 교수님과 하는 마지막 수업이 될 것이다. 오늘 교수님을 만나 뵙고 여쭤볼 화두는 '죽음, 그리고 헤어짐'이었다. 가뜩이나 아쉬움과 서운함에 분위기가 가라앉기 쉬운 마지막 수업이지만, 꼭 다루지 않으면 안 될 주제였다.

몇 년 전 몹시 힘든 장례식장에 다녀온 적이 있다. 천수(天壽)를 다 누리고 곱게 눈 감은 호상(好喪)이라고 해도 죽음이 가져다주는 슬픔의 무게는 인간이 감내하기 힘든 것이 인지상정일 터. 하물며 한창 나이에 저세상으로 가버린 벗의 장례식은 피할 수만 있다면 피하고 싶은 고통과 슬픔 그 자체였다.

그 친구와 나는 고등학생 때 처음 만났다. 같은 반이었던 탓에 쉽게 친해졌고, 대학에 들어가고 나서도 다른 친구들과 함께 어울려 여행을 다니는 등 우리의 우정은 더욱 돈독해졌다. 각자 결혼을 하고 가정을 꾸리고 난 이후에도 우리 사이는 변함없었다. 양 가족이 함께 만나 저녁식사도 하고, 게임도 즐기고, 종종 여행도 다녔다. 그런 만큼 친구의 죽음은 충격적이었다.

무엇보다 그 친구가 허랑방탕하게 살며 자기 몸을 막 굴리던 사람도, 쾌락을 절제하지 못하고 흐트러진 삶을 살던 사람도 아니었다는 점에서 더욱 슬펐다. 그 친구는 내가 아는 수많은 사람 중에 그런 모습과는 가장 거리가 먼 사람이었고, 오히려 자기 몸을 꼼꼼히 잘 챙기는 사람이었다. 음식 재료도 가격이 좀 더 비싸더라도 가급적 농약을 쓰지 않은 유기농 제품을 사다 먹었고, 자기 몸에 맞는 각종 비타민도 챙겨 먹었으며, 체력 단련을 위해 틈틈이 테니스를 즐기기도 했다. 고깃집에서도 그런 모습은 두드러졌다. 꼭 본인이 가위와 집게를 들고 불판 앞에 앉아 손수 고기를 구웠는데, 고기의 탄 부분에 발암 물질이 많다고 하니 고기가 타지 않도록 자신이 책임지고 잘 굽겠다는 것이었다.

아무튼 그렇게, 조금은 지독하리만치 자신의 건강을 지켜왔던 친구였다. 그런 친구가 대장암에 걸려 아직 한창인 나이에 불귀의 객이 되었다는 사실은 나를 포함한 우리 친구들에게 슬픔이다 못해 충격에 가까웠다. 어차피 삶이란 끝이 있기에 '죽음'이란 것은 조금 먼저냐 나중이냐 하는 차이만 있을 뿐 사람이라면 누구나 한 번은 맞닥뜨려야 하는 평생의 화두다. 하지만 이렇게 막상 현실로 마주하게 되니 받아들이기 힘들었다.

과거 생각에서 벗어나 마음을 추스르고 일규 농장을 찾았다. 친구 생각에, 마지막 수업이리라는 생각에 내 마음은 복잡 미묘하고 쓸쓸했다. 그런 내 마음은 아랑곳없다는 듯 농장은 봄기운이 완연했다. 나무들마다 꽃망울이 새봄을 축하하는 축포를 터뜨리기 직전이었고, 꽃처럼 화려하지는 않지만 봄의 기운을 알리는 데는 제격인 연한 새순들이 솟아 있었다. 농장 안은 이제 막 새로운 세상을 맞이하게 된 특유의 설렘과 기쁨으로 가득 찬 모습이었다. 그럴수록 내 안의 서운함과 아쉬움은 더 크게만 느껴졌다.

교수님 또한 이런 내 기분과는 다르게 여느 때와 마찬가지로 밝고 쾌활하신 모습 그대로였다. 마치 '마지막'이나 '끝'에 대해 자신은 관심 없다는 듯이.

불사조 신화의 탄생

"신 대표, 이게 뭔지 알아요?"

나를 보자마자 교수님은 멜빵을 팽팽하게 당겼다가 탁 놓는 소리를 몇 번 연거푸 내시며 물으셨다.

"서스펜더(suspender) 아닙니까?"

"역시, 신 대표는 공부도 많이 하고 미국 생활도 해서인지 제대로 된 이름을 알고 있네. 맞아요, 서스펜더."

교수님은 다시 한 번 끈을 탁하고 튕겼다.

"내가 미국에서 유학생활도 하고, 해외를 오가며 연구활동을 오래하다 보니까 가까운 미국인 친구들이 그래요. 너 도대체 영어를 어디서 그렇게 잘 배웠냐고. 근데 나도 어쩌다가 한국에서만 쓰는 용어가 막 나오거든. 그게 바로 펜치(pincers, pliers)와 멜빵이야. 미국에 나간 김에 이 서스펜더를 몇 개 사오려고 상점에 들렀는데, 글쎄 나도 모르게 버릇처럼 '두 유 해브(Do you have) 멜빵?' 이런다니까. 하하하!"

그 와중에도 교수님은 여러 번 멜빵의 끈을 잡아서 튕겼다.

"내가 말이야, 허리띠 대신 이 서스펜더를 메고 다닌 지가 20년 좀 넘었는데, 그게 다 사연이 있단 말이지. 내가 죽을 고비를 세 번이나 넘은 건 알고 있지요?"

무슨 말씀을 꺼내시려나 했더니 결국 그 말씀을 하시려나 보다. 1년 전 선후배 모임 때 들었던 교수님의 별칭, '불사조 교수님'에 얽힌 사연 말이다. 사실 기회가 있을 때마다 여쭤보려고 했지만, 혹시라도 떠올리기 싫은 고통스러운 기억일 수 있겠단 생각에 망설여왔다. 하지만 교수님은 그러한 그간의 내 망설임은 기우였다는 듯이 아무렇지 않게 말씀을 이으셨다.

"처음에는 신장에 암이 생겼어요. 1994년에. 할 수 있나, 입원해서 수술했지. 신장 전체를 들어내서 따로 항암 치료는 안 받았고."

동기들이나 주변 사람들에게 들어서 나도 신장암이 얼마나 무서운지는 알고 있었다. 그런데 교수님은 남모르는 사람 이야기하듯 대수롭지 않게 말씀하셨다.

"그랬는데 10년쯤 지나서, 2005년에 이번에는 췌장이 문제라는 거야. 신장에 있던 암이 췌장으로 도망간 거래. 췌장으로 도망 간 게 10년이 넘게 서서히 큰 거지. 아주 희귀한 케이스라고 하더라고. 그래서 또 수술을 했어요. 그랬더니 재작년인가, 2012년도에는 또 폐에 암이 생겼다는 거야. 그래서 폐의 오른쪽 윗부분을 잘라냈지. 이때도 제일 가벼운 단계라고 해서 항암 치료는 따로 안 받았어. 내가 위출혈이 생겨서 위험할 뻔했다는 이야기는 한 적 있지? 그래서 나 운전 안 한다고."

듣고 있자니 진짜 그 힘들다는 암을 몇 번이나 겪은 사람이 맞나 싶었다. 그만큼 교수님은 별것 아니라는 듯이, 마치 운동을 하다가 발목을 삐끗했거나 독한 감기몸살에 걸렸다가 회복한 이야기를 하는 정도로 세 번의 암 수술과 위출혈 극복기를 들려주셨다. 말 그대로 불사조였다. 교수님은 말씀을 하시면서도 연신 멜빵을 만지작거리셨다.

"그러면 서스펜더는 암 수술 받으신 이후부터 착용하신 겁니까?"

"아, 이거? 신장암 수술 받을 때 양쪽 신장 중 하나를 완전히 떼어냈거든. 그러고 나니까 의사 선생이 수술 부위에 부담이 될 거라면서 허리를 꽉 조이는 허리띠는 차지 말라고 하더라고. 그런데 허리띠를 차지 않으면 바지가 흘러내리잖아. 어떻게 해, 그때부터 이 서스펜더를 차고 다녔지. 이제는 이게 내 트레이드마크가 되었다니까."

교수님은 다시 한 번 '탕' 하는 소리가 나도록 멜빵을 힘껏 튕기셨다. 소리가 참 경쾌하게 들렸다.

"아무튼 이게 다 주변에 나를 염려해주는 사람이 있어서 그래. 게다가 하늘이 도와서 매번 초기에 발견했고. 부모님이 장수하는 유전자를 물려주신 덕분이라니까."

내가 보기엔 담담하게 자신의 질병을 받아들이는 교수님의 대범하면서도 호방한 성격이 죽음의 공포를 이겨내고 어려운 투병생활을 버텨내게 한 원동력이 아닐까 싶었다. 이런 교수님이라면 오늘의 주제, 그리고 마지막 수업 주제인 '멋진 이별'에 대해서 들려주실 말씀이 많을 듯싶었다.

헤어지는 연습을 하며

교수님께 친했던 친구의 죽음과 그를 떠나보내기 위해 문상을 다녀왔던 이야기, 그로부터 느낀 삶과 죽음에 대한 소회, 그리고 오늘 수업이 마지막이라는 것과 이 때문에 든 시작과 끝에 대한 생각 등을 두서없이 말씀 드렸다.

두서없이라……. 교수님과 함께 시간을 보내면서 생긴 모습이다. 과거의 나라면 '두서없이 말하거나 글을 쓴다'는 것은 상상할 수도 없었다. 항상 정확한 논리와 구체적인 전개에 따라 말하고 쓰는 습관이 몸에 배여 있었다. 너스레를 떤다거나 빙 에둘러 돌아가는 말 따위는 해본 적도 없고, 참고 들어주는 것도 힘들었다. 하지만 어느새 스스로도 놀랄 정도로 다른 모습으로 변해 있었다. 아니, 그간 발달하지 못했던 부분이 개발되었다고 해야 할 것이다.

그때 교수님이 연극배우처럼 한마디를 외치셨다.

"Parting is such a sweet sorrow!"

"하하. 교수님, 마치 연극배우 같으세요. 무대에서 주인공이 클라이맥스에서 내뱉는 대사 같은데요."

그러자 교수님께서 마주 웃으시며 고개를 끄덕이셨다.

"그래요. 아주 유명한 연극 대사지. 셰익스피어의 『로미오와 줄리엣』에서 줄리엣이 한 말이야. 정확하게는 셰익스피어가 한 말이라고 해야 되나? 하하. 내가 40년을 있던 학교를 떠나는데 KBS와 인터뷰를 했어. 오래 정들었던 학교를 떠나서 서운하지 않느냐고. 그래서 내가 이 말을 인용했어. Parting is such a sweet sorrow! 헤어지는 것은 달콤한 슬픔이다! 학교에 평생 있었던 것도 업적이니까. 유혹이 참 많았는데 말이지. 사실 우리 삶에 있어서 가장 힘든 것 중에 하나가 '헤어짐'이잖아요? 사랑하던 사람과의 이별, 오래 다닌 직장에서의 사직, 배우자나 부모형제와의 사별, 그리고 나의 죽음으로 인한 세상과의 작별. 그 어느 것 하나 감당하기에 녹록한 것이 없어."

맞는 말씀이셨다. 내 경험에 비추어 봐도 감당하기에 만만한 헤어짐이란 없었다.

"그런데 굳이 셰익스피어의 말이 아니더라도 말이야, 저기 저 나무만 봐도 헤어짐이란 것이 절대로 외면해야 할 재앙이라거나, 사람에게 온갖 괴로움만 선사하는 악당만은 아닌 것 같단 말이지."

나는 교수님이 가리킨 나무를 쳐다보았다. 1년 전 일규 농장에 처음 왔을 때 교수님과 함께 심었던 묘목이었다. 1년이라는 짧은 기간 동안 묘목은 성큼 자라 있었다.

"저기 저 묘목들이 자라고 있는 자리는 다른 거목들이 떠나며 만들어진 자리예요. 그리고 그 밑의 흙에는 그 거목이 있을 때 해마다 늦가을이면 땅으로 떨어뜨린 나뭇잎들이 자연적으로 퇴비가 되어 쌓여 있고. 그 자리, 그 흙이 묘목을 저만큼 키운 거야. 다른 것들도 마찬가지지 않겠어요? 사랑하는 사람이 언젠가는 떠날 수도 있기에 우리는 좀 더 열심히, 좀 더 많이, 좀 더 열정적으로 그 사람을 사랑할 수 있는 거지. 언제 지금 다니는 직장과 안녕할지 모르니까 맡은 일에 좀 더 집중하고 더 성과를 낼 수 있도록 하는 거고. 내가 언제 어떻게 건강을 잃고 세상을 뜰지 모른다는 생각에 진지하게 건강을 챙기게 되고, 언제 무슨 일이 생길지 모른다는 생각에 지금 삶을 좀 더 열심히 살게 되는 거고. 그렇지 않아요? 이렇게 보면 헤어짐은 우리 삶의 훌륭한 원동력이지. 셰익스피어 말대로 슬프긴 하지만, 달콤하기도 한."

그렇다. 헤어짐은 물론 슬프다. 하지만 그러한 헤어짐이 있기에 우리는 좀 더 삶에 사람에 일에 사랑에 집중해서 최선을 다할 수 있는 것이다. 오늘 이 시간도 그렇다. 교수님과의 수업도 끝이 있다는 생각에 한 말씀이라도 더 듣기 위해 노력했고, 더 많은 가르침을 얻기 위해 최선을 다할 수 있었던 것 같다. 슬프고 충격적이기만 했던 친구의 죽음이, 서운하고 아쉽기만 했던 교수님과의 마지막 수업이 조금은 달리 느껴지기 시작했다. 그럼에도 드는 서운한 감정은 어쩔 수 없었지만.

물론 이후에도 기회가 될 때마다 자주 교수님을 찾아뵙고, 함께 식사도 하고, 세상사는 이야기도 나누고, 특히 이곳 나무들이 잘 자라는지 안부도 묻고 시간이 나면 방문할 예정이다. 하지만 어찌되었든 교수님과의 수업은 오늘이 마지막이었다. 나만큼인지는 모르겠지만, 교수님 역시 아쉬운 듯 보였다.

땅에는 봄나물이, 나뭇가지에는 새싹들이 움을 터서 온 천지가 화사한 봄 나무숲을 거닐면서 잠시 동안 우리 둘은 말이 없었다. 걷다 보니 어느새 차를 세워둔 뒷마당이었다. 오늘 계획대로라면 여기서 나는 교수님과 악수를 나누고 서울로 되돌아갈 예정이다. 삶에 대한 여러 가지 부분에 대해 함께 고민하고 정리해보기로 하고 시작한 수업의 마지막인데, 어떻게 마무리를 해야할지 정작 쉽게 떠오르지 않았다.

그때 한참 동안 말씀이 없으셨던 교수님이 입을 여셨다.

"자신이 언제든 죽을 수 있다는 생각을 하면서 항상 정리하는 마음으로 살아야 해요. 사람들은 일을 벌이는 데는 관심들이 많은데, 막상 정리하는 데는 소홀한 것 같아. 혼이 있는지 없는지 나는 잘 모르겠지만, 적어도 인간에게 죽음에 대한 예감은 있지 않을까 싶어. 그렇다고 이런 정리를 꼭 죽음의 예감이 들 때 할 필요는 없고 또 그래서도 안 된다고 생각해요. 왜냐하면 우리 삶에는 갑작스러운 죽음이라는 게 있으니까. 그래서 살아 있는 지금 이 순간에도 정리가 필요한 거야."

"교수님께서도 정리를 해놓으셨습니까?"

"난 내 농장에 자리도 다 지정해놨어. 화장한 후에, 유약 안 바른 토기에다 담아가지고, 저 꼭대기 산하고 딱 마주하는 곳에 묻으라고 했지. 도자기에 보관하면 재에 곰팡이가 껴. 그냥 흙으로 한 번 구운 거, 유약도 바르지 않은 토기에 담아서 묻으면 1년 내내 물이 들어가서 토기도 없어지고 재도 없어지게 돼요. 그렇게 자연으로 돌아가는 것 아니겠어요?"

죽음에 대해서 말씀하시는 교수님의 얼굴이 매우 밝고 천진난만해서 놀랐다. 이미 헤어질 준비를 다 마쳐놓으시고 인생의 종착점을 향해 차분히 나아가시는 듯한 모습이셨다. 인생의 후반부에 정성을 쏟아 나무를 심고 하나하나 키워온 이 농장에서

인생을 마감하고 자연으로 돌아갈 준비를 해놓으신 교수님.

"이제 지금처럼 자주 못 보겠네?"

가슴 한쪽이 서늘하게 텅 빈 느낌이 들었다. 아쉬웠다.

"네. 그래도 종종 찾아뵙겠습니다. 그동안 정말 많이 배웠습니다. 고맙습니다."

"그래요. 농장에도 가끔 놀러오고."

교수님은 손을 내밀어 악수를 청하셨다. 늘 그랬지만, 어디서 그런 힘이 나오시는지 궁금할 정도로 교수님의 악수는 힘차고 따뜻했다. 진심이 느껴졌다.

"잘 헤어지려면 연습이 필요해. 내가 학교에 있을 때 매학기 마지막 수업에는 학생들에게 늘 이 시를 들려주고 수업을 마치곤 했어. 신 대표도 들은 적 있지요?"

그러면서 교수님은 시 한 편을 읊어주셨다.

헤어지는 연습을 하며 사세
떠나는 연습을 하며 사세

아름다운 얼굴, 아름다운 눈
아름다운 입술, 아름다운 목
아름다운 손목
서로 다하지 못하고 시간이 되려니
인생이 그러하거니와

세상에 와서 알아야 할 일은
'떠나는 일' 일세

실로 스스로의 쓸쓸한 투쟁이었으며
스스로의 쓸쓸한 노래였으나

작별을 하는 절차를 배우며 사세
작별을 하는 방법을 배우며 사세
작별을 하는 말을 배우며 사세

아름다운 자연, 아름다운 인생
아름다운 정, 아름다운 말

두고 가는 것을 배우며 사세
떠나는 연습을 하며 사세

인생은 인간들의 옛집
아! 우리 서로 마지막 할
말을 배우며 사세

—조병화, 「헤어지는 연습을 하며」

|에|필|로|그|

재수강을 마치고 난 후

새벽 2시 30분. 난 지금 책상 앞에 앉아 있다.

교수님과 보낸 1년. 일규 농장과 교수님의 자택, 그리고 그 외 많은 곳에서 진행된 수업과 그동안 메모지에 책의 뒷면에 수첩에 심지어 종묘봉투에까지 받아 적어놓은 교수님의 가르침을 정리하여 한 권의 책으로 엮어내는 작업 중이다.

참 쉽지 않은 일이다. 삶의 전반에 걸쳐져 있는 많은 이슈를 다루고 있기에 어느 것 하나 정리하기 만만치 않다. 책을 쓰는 일이 새삼 어렵고 또 두려운 일임을 느낀다.

처음 얼마 동안은 어려움과 두려움의 무게에 짓눌려, 거짓말 하나 안 보태고 문장 하나를 쓰는 데 썼다 지웠다를 수십 번 반복했다. 그러다 문득 '힘을 빼야지' 하는 생각이 들었다. 노스승을 만나 인생의 지혜를 듣고 나 자신을 돌아본 그 기록들을 그저 스승이 일궈놓은 나무농장에 소풍 다녀온 듯이 담담하고 편하게 털어놓자는 마음으로 다시 컴퓨터 앞에 앉았다. 그렇게 '얘기하듯 자연스럽게' 쓰기 시작한 글도 어느새 끝마쳐야 할 시간이 왔다.

힘을 빼고 글을 쓰기 위해, 일상의 환경을 벗어나 사람들이 뜸한 커피숍도 전전해보고, 물소리와 새소리가 들리는 펜션에 파묻혀 끙끙대던 지난 시간들이 주마등처럼 지나간다. 법정(法頂) 스님은 그의 저서, 『내가 사랑한 책들』에서 "책에 읽히지 말고, 책을 읽으라"는 말씀을 하셨다.

> 술술 읽히는 책 말고, 읽다가 자꾸만 덮이는 그런 책을 골라 읽을 것이다. (중략) 한두 구절이 우리에게 많은 생각을 주기 때문이다. (중략) 그 한 권의 책이 때로는 번쩍 내 눈을 뜨이게 하고 안이해지려는 내 일상을 깨우쳐준다.

부디 교수님과 나의 이야기가 담긴 이 책이 많은 사람에게 쉽게 읽히면서도 생각해볼 것들을 끊임없이 던져줘서, 오래 곁에 두고 곱씹으며 읽는 동반자와 같은 그런 책이 되었으면 한다.

삶에 틈이 필요할 때 교수님을 다.시.만.났.다

"자네, 참삶을 살고 있나?"

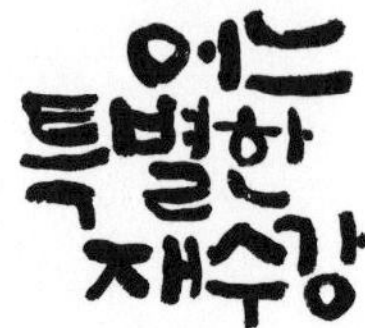

초판 1쇄 발행 2014년 7월 10일

지은이 곽수일 신영욱

펴낸이 문태진
책임편집 김혜연
편집진행 홍지은
디자인 Design co*kkiri
일러스트 레모

마케팅 윤현성 장진항 윤빛나
홍보 조은빛 강유정

펴낸곳 ㈜인플루엔셜
출판등록 2012년 5월 18일 제300-2012-1043호
주소 (110-888) 서울특별시 종로구 종로19(종로1가, 르메이에르 종로타운) B동 1025호
대표전화 02)720-1042
전자우편 books@influential.co.kr

© 곽수일 신영욱, 2014

ISBN 978-89-969913-3-5 03320

• 이 책은 저작권법에 따라 보호받는 저작물이므로 무단 전재와 무단 복제를 금하며, 이 책 내용의 전부 또는 일부를 이용하시려면 반드시 저작권자와 ㈜인플루엔셜의 서면 동의를 받아야 합니다.
• 잘못된 책은 구입처에서 바꿔 드립니다.
• 책값은 뒤표지에 있습니다.

인플루엔셜은 세상에 영향력 있는 지혜를 전달하고자 합니다.
이에 동참을 원하는 독자 여러분의 참신한 아이디어와 원고를 기다리고 있습니다.
한 권의 책으로 완성될 수 있는 기획과 원고가 있으신 분들은 연락처와 함께
books@influential.co.kr로 보내주세요. 지혜를 더하는 일에 함께하겠습니다.